专家课堂
——卓越公路工程师系列丛书

公路工程施工项目试验室标准化管理指南

万丽平 主编　王玉果 副主编　肖丽芳 主审

人民交通出版社股份有限公司
China Communications Press Co.,Ltd.

内 容 提 要

公路工程施工项目试验室是工程项目实施中质量控制和监督的执行部门,备受政府质量监督部门、业主和监理的高度重视。近年来,随着质量管理水平的提高,项目试验室管理越来越规范,但由于行业和工程类别的不同及业主地域的差异,各施工项目的试验室建设和管理工作没有统一模式,各项目试验室的管理水平参差不齐,各有优缺点。因此,项目试验室的规范化、标准化工作势在必行。

本手册分 4 章,尤其第 4 章的流程图,将项目试验室需做的常规试验,通过流程图表述,简单易懂,便于项目试验人员学习操作。

图书在版编目(CIP)数据

公路工程施工项目试验室标准化管理指南 / 万丽平主编. -- 北京: 人民交通出版社股份有限公司, 2016.1
ISBN 978-7-114-12755-7

Ⅰ. ①公… Ⅱ. ①万… Ⅲ. ①道路工程—工程施工—项目管理—试验 Ⅳ. ① U415.1-33

中国版本图书馆 CIP 数据核字(2016)第 016735 号

书　　名:公路工程施工项目试验室标准化管理指南
著 作 者:万丽平
责任编辑:王　霞　王景景
出版发行:人民交通出版社股份有限公司
地　　址:(100011)北京市朝阳区安定门外外馆斜街 3 号
网　　址:http://www.ccpress.com.cn
销售电话:(010) 59757973
总 经 销:人民交通出版社股份有限公司发行部
经　　销:各地新华书店
印　　刷:北京市密东印刷有限公司
开　　本:720×960　1/16
印　　张:11.5
插　　页:2
字　　数:180 千
版　　次:2016 年 3 月　第 1 版
印　　次:2016 年 3 月　第 1 次印刷
书　　号:ISBN 978-7-114-12755-7
定　　价:32.00 元

(有印刷、装订质量问题的图书由本公司负责调换)

前 言

公路工程施工项目试验室是工程项目实施中质量控制和监督的执行部门,备受政府质量监督部门、业主和监理的高度重视。近年来,伴随质量管理水平的提高,项目试验室管理越来越规范,但由于行业和工程类别的不同及业主地域的差异,各施工项目的试验室建设和管理工作没有统一模式,各项目试验室的管理水平参差不齐,各有优缺点。因此,项目试验室的规范化、标准化工作势在必行。

促进公路工程施工项目试验室规范化管理,有效提高试验检测数据的准确性、科学性和对施工的指导性,是各个项目试验室管理工作的重点。本书作者长期从事项目试验管理工作,具有二十多年的实践经验,主持或参与过各种类型项目试验室的管理。为有效指导项目试验室的管理,不断提高规范化、标准化和流程化水平,作者在总结试验室管理工作的基础上,精心整理编写了这本指南。

此书初稿完成后,广泛听取了行业有关企业专家、兄弟单位的宝贵意见,汲取了作者所在单位中交第一公路工程局有限公司范围内业主评定的"优秀项目试验室"的经验和成果,突出手册的实用性和可操作性。相比有些地方的管理规定,本手册标准更高,更具优越之处。

本书全部采用最新工程技术标准和规范,插入了大量的参考试验表格,以使手册更加贴近项目实际工作。为细化管理,尝试试验室管理的模块化加专业化,希望本书能抛砖引玉,对项目试验室建设和管理工作中推行标准化和流程化管理有所裨益。

本书分四章,尤其第四章的流程图,将项目试验室需要做的常规试验通过流程图表述,简单易懂,便于项目试验人员学习操作。

本书第2、3、4章由万丽平编写,第1章由王玉果编写。全书由万丽平统稿,肖丽芳审定。

本书编写过程中,曾得到程英、李广涛等的大力协助,提供了相应的资料和宝贵的建议,在此一并致以衷心感谢。

由于编者水平有限,本书中难免有不妥或错误之处,敬请各位同仁批评指正。

编者
2015 年 12 月

目 录

第1章 试验室前期建设 ………………………………………………… 1
  第1节 人员配备 ………………………………………………… 1
  第2节 设备配置 ………………………………………………… 2
  第3节 试验室布置 ……………………………………………… 11
  第4节 标识、标牌要求 ………………………………………… 23

第2章 试验室管理 ……………………………………………………… 26
  第1节 岗位职责 ………………………………………………… 26
  第2节 管理制度 ………………………………………………… 30
  第3节 仪器操作规程 …………………………………………… 38
  第4节 仪器管理 ………………………………………………… 59
  第5节 试验检测频率 …………………………………………… 61

第3章 记录管理 ………………………………………………………… 66
  第1节 试验报告编号及委托方法 ……………………………… 66
  第2节 试验台账样表 …………………………………………… 68
  第3节 试验管理表格 …………………………………………… 100
  第4节 临时资质申报样板 ……………………………………… 120

第4章 试验流程 ………………………………………………………… 130
  第1节 试验管理流程 …………………………………………… 130
  第2节 原材料检验流程 ………………………………………… 138

参考文献 ………………………………………………………………… 175

第1章 试验室前期建设

第1节 人员配备

项目试验室的人员配备,以满足施工中试验检测工作为标准,并根据工程的进展及施工的不同阶段,作适当的调整。

一、工地试验室的人员配备(以1亿元工程为基础安排人员,工程量大小可适当增减。)

(1)试验室主任(兼任技术负责人)1人,至少参与过两个项目的试验检测工作,大专以上学历,工程师(含)以上职称或有丰富实践经验的试验技师并持有交通运输部质量监督总站颁发的"试验检测工程师证书"。

(2)试验室副主任(兼任质量负责人)1人,至少参与过1个项目的试验检测工作,大专以上学历,持有交通运输部质量监督总站颁发的"试验检测工程师证书"。

(3)试验检测员3人,从事工地试验工作两年以上,并持有交通运输部质量监督总站颁发的"试验检测员证书"。

(4)试验工3~4人。

二、流动试验室人员配备

(1)试验室负责人1人,中专以上学历,技术员以上职称,持有交通运输部质量监督总站颁发的"试验检测工程师证书"或"试验检测员证书"。

(2)试验工2~3人,从事工地试验工作两年以上。

三、项目试验室主任应具备的基本素质和能力

（1）政治思想素质：要爱岗敬业，有强烈的职业责任感，严格按有关标准、规范、规程从业。

（2）技术业务素质：熟练掌握公路工程各种常规试验技术的操作要点；熟悉相关的施工技术规范和标准；牢记施工设计图中有关的技术标准要求和工程数量；了解施工计划；正确处理施工过程中出现的有关试验检测方面的问题。

（3）组织协调能力：合理安排试验室全体人员的试验工作；正确处理好试验室同项目经理部各部门的关系。

（4）对外交往能力：切实处理同监理的关系；正确处理和对待业主及地方质量监督部门的检查或抽检工作；正确处理同分包单位的关系；正确处理同当地材料供应商的关系。

（5）具有较强的成本意识：搞好各项试验检测，多做成本对比，尽最大能力做好配合比优化工作。

第2节 设备配置

一、路基桥梁项目仪器配备表

路基桥梁项目仪器配备表见表1-1。

路基桥梁项目仪器配备表　　　　　　　　　　表1-1

室别	序号	仪器设备名称	规格型号	数量	量程或规格	准确度	备注
土工室	1	电子天平	YP20K-1	1	20kg	0.1g	
	2	电子天平	CP4102	1	4100g	0.01g	
	3	电动击实仪	LQ-DJ	1	锤质量4.5kg，落距450mm		
	4	电脑土壤液塑限联合测定仪	TYS-3	1	0～25mm，76g和100g	0.01mm	
	5	电热鼓风干燥箱	FX101-3	1	≤250℃	±1℃	
	6	电动液压脱模器	TLD-YT200	1			
	7	路面材料强度试验仪	TL127-Ⅱ	1	最大升降距离200mm	0.01kN	

续上表

室别	序号	仪器设备名称	规格型号	数量	量程或规格	准确度	备注
土工室	8	游标卡尺	0～200mm	1	0～200mm	0.02mm	
	9	百分表	0～10mm	9	0～10mm	0.01mm	
	10	干湿温度计	272-A	1	-10～50℃	±0.5℃	
	11	玻璃液体温度计	棒式	2	0～50℃	±0.1℃	
	12	比重瓶	50mL	2	50mL		
	13	比重瓶	100mL	2	100mL		
集料室	14	集料筛	标准筛	1	0.075～60mm		
	15	方孔石子筛	标准筛	1	2.5～90mm		
	16	方孔砂石筛	标准筛	1	0.075～9.5mm		
	17	震击式振筛机	ZBSX-92	1	147/次		
	18	集料压碎值测定仪	标150	1			
	19	针片状规准仪		1			
	20	电子静水天平	MP51001	1	5100g	0.1g	
	21	电子天平	YP20K-1	1	20kg	1g	
	22	电热鼓风干燥箱	FX101-3	1	≤250℃	±1℃	
	23	电动砂当量仪		1			
	24	容积升	1～30L	1	1～30L		
	25	箱式电阻炉	SX2.5-12	1	0～1200℃		
	26	干湿温度计	272-A	1	-10～50℃	±0.5℃	
	27	单标线容量瓶	1000mL	2	1000mL		
	28	玻璃液体温度计	棒式	3	0～50℃	±0.1℃	
	29	比重瓶	250mL	2	250mL	1mL	
水泥室	30	水泥净浆搅拌机	NJ-160A	1			
	31	水泥胶砂搅拌机	JJ-5	1	60次/(min·15mm)		
	32	水泥胶砂振动台	ZS-15	1	60次/(60±2)s		
	33	恒应力压力试验机	WHY-300	1	300kN	0.1N	
	34	水泥标准稠度仪	0～70mm	1			
	35	负压筛析仪	FSY-150B	1	0.03～1mm	0.01mm	
	36	电子天平	CP2102	1	2100g	0.01g	
	37	煮沸箱	FZ-31	1	0～100℃		

4 公路工程施工项目试验室标准化管理指南

续上表

室别	序号	仪器设备名称	规格型号	数量	量程或规格	准确度	备注
水泥室	38	恒温恒湿标准养护箱	SHBY-40A	1	温度：±0.1℃ 湿度：±1%		
	39	自动比表面积测定仪	FBT-6	1	孔径：ϕ(12.7±1.0)mm 层高：(15±1.0)mm	±1.0mm	
	40	水泥胶砂流动度仪	NLD-3	1	振动25次		
	41	雷氏夹	LD-50	10	0～25mm	0.5mm	
	42	水泥胶砂三联试模	160mm×40mm×40mm				
	43	干湿温度计	272-A	1	−10～50℃	±0.5℃	
	44	量水器	225mL		0～225mL		
	45	量水器	170mL		0～170mL	0.1mL	
	46	加湿器					
水泥混凝土室	47	标养室恒温恒湿设备	FHBS-60	1	温度：(20±2)℃ 湿度：>90%	±1℃	
	48	水泥混凝土搅拌机	HJW-60	1	进料容量：96L 出料容量：60L	转速35r/min	
	49	水泥混凝土振动台	HCZT-1	1	振幅0.36mm 振频49.8Hz	振幅(0.5±0.2)mm	
	50	砂浆搅拌机	HX-15	1	出料容量：15L	转速62r/min	
	51	混凝土贯入阻力仪	HG-1000	1	0～1200kN	5kN	
	52	水泥砂浆稠度仪	SZ-145	1	0～14.5cm	0.1mm	
	53	坍落度筒	100mm×200mm×300mm	3			
	54	砂浆分层度仪	SF	1			
	55	含气量测定仪	HC-7L	1	0%～10%	0.1%	必要时
	56	电子天平	YP20K-1	1	20kg	1g	
	57	电子秤	DT-60K	1	60kg	10g	
	58	混凝土抗压试模	150mm×150mm×150mm	20			
	59	混凝土抗弯拉试模	550mm×150mm×150mm	6			必要时

续上表

室别	序号	仪器设备名称	规格型号	数量	量程或规格	准确度	备注
水泥混凝土室	60	砂浆试模	70.7mm×70.7mm×70.7mm	10			
	61	钢直尺	30cm		0～30cm	0.5mm	
	62	干湿温度计	272-A	1	-10～50℃	±0.5℃	
	63	干湿温度计	272-A	1	-10～50℃	±0.5℃	标养室
化分室	64	烘箱	FX101-1		500mm×600mm×700mm	±5℃	
	65	电子分析天平	CP214	1	200g	0.1mg	
	66	电子天平	CP4102	1	4100g	0.01g	
	67	秒表	JS-307			0.01s	
	68	干湿温度计	272-A	1	-10～50℃	±0.5℃	
	69	无塞滴定管	50mL	2		±0.1mL	
	70	滴定架		2			
	71	量筒	5mL	2	5mL	±0.1mL	
	72	量筒	50mL	2	50mL	±1mL	
	73	量筒	250mL	2	250mL	±2.5mL	
	74	量筒	500mL	2	500mL	±5mL	
	75	量筒	1000mL	2	1000mL	±10mL	
	76	分度吸量管	25mL		25mL	±2.5mL	
	77	分度吸量管	50mL		50mL	±0.5mL	
	78	分度吸量管	10mL	2	10mL	±0.1mL	
力学室	79	微机液压万能试验机	WEW-300B	1	300kN	0.1N	
	80	微机液压万能试验机	WEW-1000B	1	1000kN	0.1N	
	81	电液式压力试验机	YA-2000	1	2000kN	0.1N	
	82	游标卡尺	0～300mm	1	300mm	0.02mm	
	83	钢筋标距仪	BJ-Ⅱ	1			
	84	电动液压脱模器	TLD-YT200	1	20t		必要时
	85	自动加压混凝土渗透仪	HP-40	1	0～4.9 MPa	±0.3%FS	必要时
	86	抗渗试模	直径175mm	6			必要时

续上表

室别	序号	仪器设备名称	规格型号	数量	量程或规格	准确度	备注
力学室	87	钢直尺	30cm	1	0～30cm	0.5mm	
	88	钢直尺	50cm	1	0～50cm	0.5mm	
	89	干湿温度计	272-A	1	-10～50℃	±0.5℃	
检测室	90	弯沉测试仪	5.4m	1	5.4m	0.01mm	
	91	灌砂筒	150mm	3			
	92	环刀	200mm	10	200mm		
	93	混凝土取芯机	Hz-20	1	φ100mm		
	94	数显回弹仪	ZC3-A	1	0～100MPa	2MPa	
	95	碳化深度测量仪		1	0～8mm	0.25mm	
	96	钢筋保护层测定仪	NM-4A	1	15～350mm	1mm	
	97	静力触探仪	CT	1			
	98	三米直尺		1	3m	0.1mm	
	99	钢卷尺	50m	1	50m	1mm	
	100	钢直尺	30cm	1	0～30cm	0.5mm	

二、路面项目仪器配备表

路面项目仪器配备表见表1-2。

路面项目仪器配备表　　　　　表1-2

室别	序号	仪器设备名称	规格型号	数量	量程或规格	准确度	备注
沥青室	1	电脑沥青针入度仪	LZRD-3A	1	100±0.05 g	±0.1mm	
	2	低温双速延伸度仪	SDYD-200DS	1		±0.1℃	
	3	电脑沥青软化点测定仪	LRHD-III	1		±0.1℃	
	4	沥青旋转薄膜烘箱	SDBM-85		转速5r/min	±1℃	
	5	低温恒温水浴	DC-0515	1	-5～95℃	±1℃	
	6	比重瓶	25mL	2	25mL		
	7	数显温度计	JM222	1	0～100℃	±0.1℃	
	8	水银温度计	棒式	1	0～50℃	±0.1℃	
	9	秒表	JS-307	1		0.01s	
	10	干湿温度计	272-A	1	-10～50℃	±0.5℃	

续上表

室别	序号	仪器设备名称	规格型号	数量	量程或规格	准确度	备注
沥青室	11	延度试模	铜制标准	6			
	12	针入度试模	不锈钢	6			
成型室	13	沥青混合料拌合机	SDJ-20LD	1			
	14	数显马歇尔电动击实仪	LQ-MJ-Ⅱ	1			
	15	电热鼓风干燥箱	FX101-3	2	≤250℃	±5℃	
	16	电子天平	MP51001	1	5100g	0.1g	
	17	电子天平	YP20K-1	1	20kg	1g	
	18	电动液压脱模器	TLD-YT200	1			
	19	红外线测温枪	GM-700	2	−50～700℃	±1.5℃	
	20	沥青加热锅	2～3L	2			铝制或不锈钢
	21	可调电炉	2000W	1			
	22	干湿温度计	272-A	1	−10～50℃	±0.5℃	
	23	水银温度计	棒式	2	0～300℃	±2℃	
	24	方盘	30mm×50mm×5mm	10			不锈钢
	25	小盆	ϕ15mm	10			盛矿粉
车辙室	26	车辙试样成型机	HYCX-1型	1			
	27	自动车辙试验仪	HYCZ-5型	1	0～30mm	0.1%	
	28	马歇尔稳定度试验仪	LD-190Ⅱ	1	荷载50kN	±10N	
	29	标准恒温水浴	CF-B	1	60℃	±0.1℃	
	30	电子静水天平	MP51001	1	5100g	0.1g	
	31	沥青最大理论密度仪	HLM-2	1	−0.1～0MPa		
	32	游标卡尺	0～300mm	1	300mm	0.02mm	
	33	秒表	JS-307	1		0.01s	
	34	干湿温度计	272-A	1	−10～50℃	±0.5℃	
	35	水银温度计	棒式	2	0～50℃	±1℃	
检测室	36	摆式摩擦系数测定仪	BM-Ⅲ	1			
	37	公路连续式平整度仪	LXPL-2	1			
	38	铺砂仪	LD138	1			
	39	路面取芯机	Hz-20	1	ϕ100mm，ϕ150mm		

续上表

室别	序号	仪器设备名称	规格型号	数量	量程或规格	准确度	备注
检测室	40	弯沉测试仪	5.4m	1	5.4m	0.01mm	
	41	路面渗水仪		1			
	42	3m 直尺		1	3m	0.1mm	
	43	秒表	JS-307	1		0.01s	
	44	水银温度计	棒式	2	0～50℃	±1℃	
	45	红外线测温枪	GM-700	1	-50～700℃	±1.5℃	
	46	钢直尺	30cm	1	0～30cm	0.5mm	
	47	钢卷尺	50m	1	50m	1mm	
集料室	48	方孔石子筛	标准筛	2	0.075～90mm		
	49	震击式振筛机	ZBSX-92	1	147/次		
	50	集料压碎值测定仪	标150	1			
	51	电动砂当量仪		1			
	52	针片状规准仪		1			
	53	电子天平	MP51001	1	5100g	0.1g	
	54	电子天平	YP20K-1	1	20kg	1g	
	55	电热鼓风干燥箱	FX101-3	1	≤250℃	±1℃	
	56	容积升	1～30L	1	1～30L		
	57	自动数显洛杉矶磨耗机	MH-Ⅱ	1			必要时
	58	游标卡尺	0～300mm	1	300mm	0.02mm	
	59	单标线容量瓶	500mL	2	500mL		
	60	单标线容量瓶	1000mL	2	1000mL		
	61	干湿温度计	272-A	1	-10～50℃	±0.5℃	
	62	玻璃液体温度计	棒式	3	0～50℃	±0.1℃	
水泥室	63	水泥净浆搅拌机	NJ-160A	1			
	64	水泥胶砂搅拌机	JJ-5	1	60次/(min·15mm)		
	65	水泥胶砂振动台	ZS-15	1	60次/(60±2)s		
	66	恒应力压力试验机	WHY-300	1	300kN	0.1N	
	67	水泥标准稠度仪	0～70mm	1			
	68	负压筛析仪	FSY-150B	1	0.03～1mm	0.01mm	

续上表

室别	序号	仪器设备名称	规格型号	数量	量程或规格	准确度	备注
水泥室	69	电子天平	CP2102	1	2100g	0.01g	
	70	煮沸箱	FZ-31	1	0～100℃		
	71	恒温恒湿标准养护箱	SHBY-40A	1	温度：±0.1℃ 湿度：±1%		
	72	自动比表面积测定仪	FBT-6	1	孔径：$\phi(12.7\pm1.0)$ mm 层高：(15 ± 1.0) mm	±1.0mm	
	73	水泥胶砂流动度仪	NLD-3	1	振动25次		
	74	雷氏夹	LD-50	10	0～25mm	0.5mm	
	75	水泥胶砂三联试模	160mm×40mm×40mm	12			
	76	干湿温度计	272-A	1	-10～50℃	±0.5℃	
	77	量水器	225mL	1	0～225mL		
	78	量水器	170mL	1	0～170mL	0.1mL	
	79	加湿器		1			
化分室	80	烘箱	FX101-1	1	500mm×600mm×700mm	±5℃	
	81	电子分析天平	CP214	1	200g	0.1mg	
	82	电子静水天平	MP51001	1	5100g	0.1g	
	83	电子天平	CP4102	1	4100g	0.01g	
	84	秒表	JS-307	1		0.01s	
	85	干湿温度计	272-A	1	-10～50℃	±0.5℃	
	86	无塞滴定管	50mL	2		±0.1mL	
	87	贝塞滴定管	50mL	2		±0.1mL	
	88	滴定架		2			
	89	药品柜	100mm×160mm×50mm	1			
	90	量筒	5mL	2	5mL	±0.1mL	
	91	量筒	50mL	2	50mL	±1mL	
	92	量筒	250mL	2	250mL	±2.5mL	
	93	量筒	500mL	2	500mL	±5mL	

续上表

室别	序号	仪器设备名称	规格型号	数量	量程或规格	准确度	备注
化分室	94	量筒	1000mL	2	1000mL	±10mL	
	95	分度吸量管	10mL	2	10mL	±0.1mL	
	96	分度吸量管	25mL	2	25mL	±2.5mL	
	97	分度吸量管	50mL	2	50mL	±0.5mL	
力学室	98	电液式压力试验机	YA-2000	1	2000kN	0.1N	
	99	电动液压脱模器	TLD-YT200	1	20t		必要时
	100	游标卡尺	0～300mm	1	300mm	0.02mm	
	101	电子天平	YP20K-1	1	20kg	1g	
	102	电子天平	MP51001	1	5100g	0.1g	
	103	钢直尺	30cm	1	0～30cm	0.5mm	
	104	秒表	JS-307	1		0.01s	
	105	干湿温度计	272-A	1	-10～50℃	±0.5℃	
土工室	106	电子天平	YP20K-1	1	20kg	0.1g	
	107	电子天平	CP4102	1	4100g	0.01g	
	108	电动击实仪	LQ-DJ	1	锤质量4.5kg,落距450mm		
	109	振动击实仪	DJS-150	1	激振力10～80kN 振动频率:30～50Hz		
	110	液塑限联合测定仪	TYS-3	1	0～25mm,76g和100g	0.01mm	
	111	电热鼓风干燥箱	FX101-3	1	≤250℃	±1℃	
	112	电动液压脱模器	TLD-YT200	1			
	113	游标卡尺	0～200mm	1	0～200mm	0.02mm	
	114	干湿温度计	272-A	1	-10～50℃	±0.5℃	
水泥混凝土室	115	标养室恒温恒湿设备	FHBS-60	1	温度:(20±2)℃ 湿度:>90%	±1℃	
	116	水泥混凝土搅拌机	HJW-60	1	进料容量:96L 出料容量:60L	转速35r/min	
	117	混凝土振动台	HZT-1	1	振幅:0.36mm 振频:49.8Hz	振幅(0.5±0.2)mm	

续上表

室别	序号	仪器设备名称	规格型号	数量	量程或规格	准确度	备注
水泥混凝土室	118	坍落度筒	100mm×200mm×300mm	3			
	119	电子天平	YP20K-1	1	20kg	1g	
	120	电子秤	DT-60K	1	60kg	10g	
	121	混凝土抗压试模	150mm×150mm×150mm	20			
	122	砂浆试模	70.7mm×70.7mm×70.7mm	10			
	123	钢直尺	30cm	1	0～30cm	0.5mm	
	124	干湿温度计	272-A	2	-10～50℃	±0.5℃	
	125	水银温度计	0～50℃	2	0～50℃	±1℃	标养室
	126	含气量测定仪	HC-7L	1	0%～10%	0.1%	必要时
	127	砂浆搅拌机	HX-15	1	出料容量:15L	转速62r/min	必要时
	128	水泥砂浆稠度仪	SZ-145	1	0～14.5cm	0.1mm	必要时
	129	砂浆分层度仪	SF	1			必要时

第3节　试验室布置

项目试验室的建设,应坚持因地制宜、务求实效、经济适用的原则,根据工程施工内容和规模进行规划布设。

项目试验室用房,可新建也可租用合适的既有房屋,房屋应坚固、安全、实用、美观,既要满足工程质量控制需要,又要满足布局合理、安全环保、环境整洁等要求。

一、试验办公室平面布置

试验办公室平面布置图见图1-1。

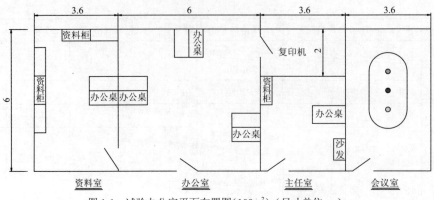

图 1-1　试验办公室平面布置图（100m²）（尺寸单位：m）

二、公路路基桥梁试验室建设方案

公路路基桥梁项目，属于综合项目，项目试验室选址宜在项目部驻地或附近，检测室包括土工室、集料室、水泥室、混凝土室、力学室、化分室、标准养护室、检测室、留样室等相对独立的功能室。当工程路线跨度较大或交通不便时，可根据实际情况设立临时试验室，并参照项目试验室模式布设，临时试验室为项目试验室的组成部分。

具体见图 1-2～图 1-8。

关于图 1-2～图 1-4 的说明：

（1）总体上应遵循布局结构，如场地不允许时，可分开布设，但房间大小及内部格局保持不变。

（2）养护室两侧宜有房间，以达到保温效果。

（3）试验室应建立在某拌合站附近，便于质量控制。

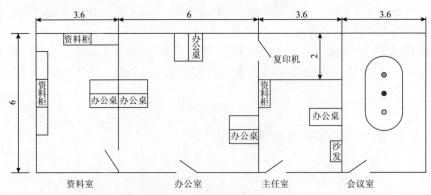

图 1-2　试验办公室平面布置图（100m²）（尺寸单位：m）

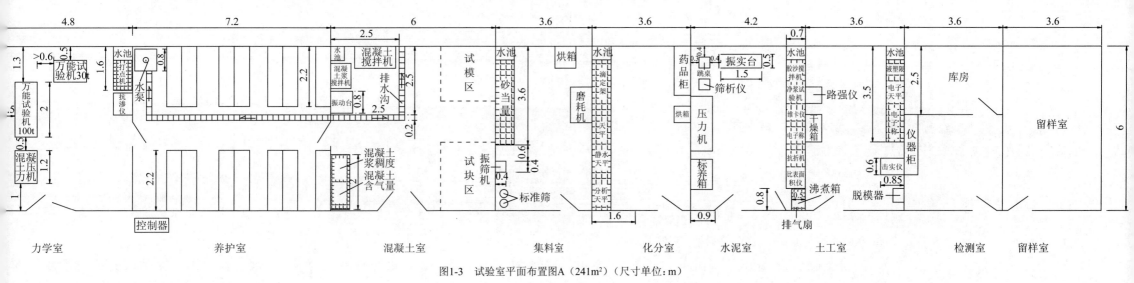

图1-3 试验室平面布置图A（241m²）（尺寸单位：m）

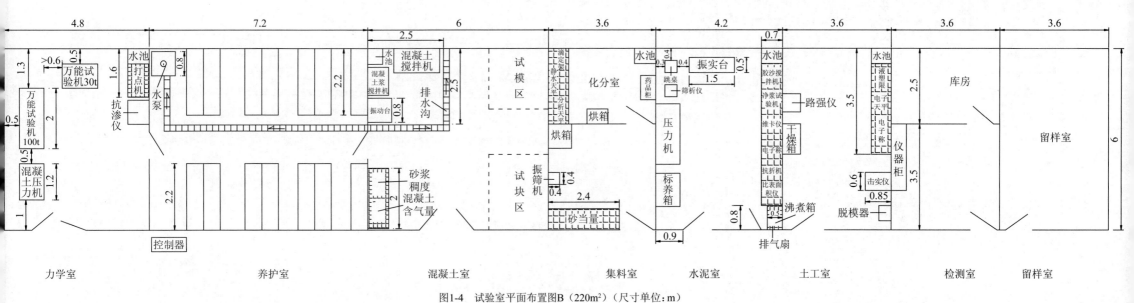

图1-4 试验室平面布置图B（220m²）（尺寸单位：m）

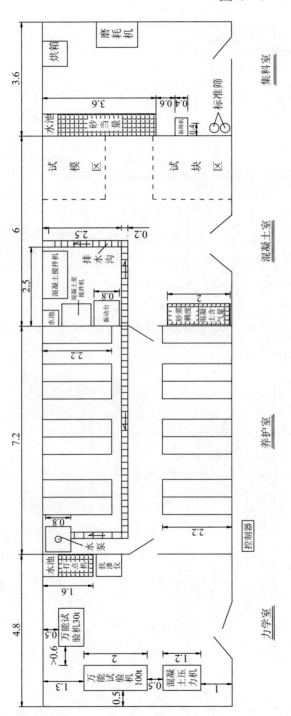

图1-5 路基桥梁试验室布置大样图A（尺寸单位：m）

14 公路工程施工项目试验室标准化管理指南

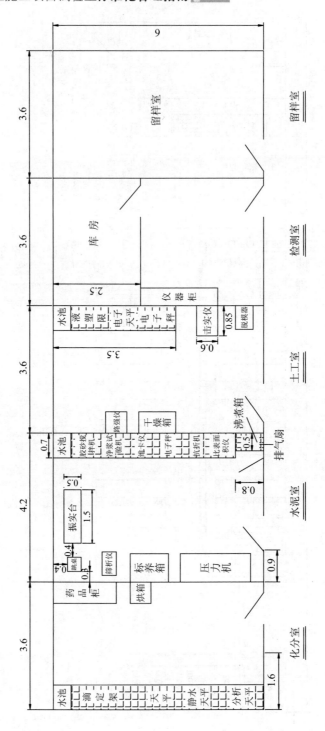

图1-6 路基桥梁试验室布置大样图A（尺寸单位：m）

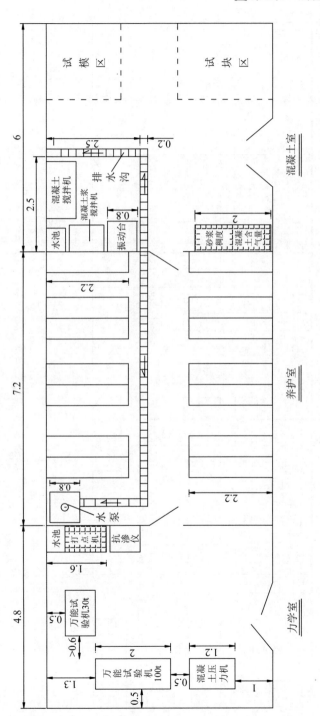

图 1-7 路基桥梁试验室布置大样图 B（尺寸单位：m）

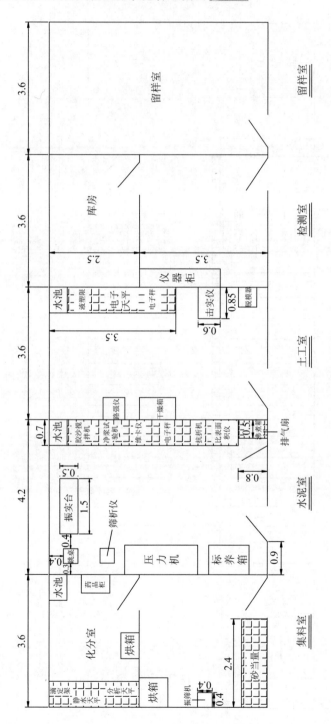

图1-8 路基桥梁临时试验室布置大样图B（尺寸单位:m）

三、公路路面试验室建设方案

公路路面一般以无机结合料、沥青混混凝土或水泥混凝土施工为主。项目试验室选址宜在拌合场内或附近。检测室包括：土工室、集料室、水泥室、水泥混凝土室、力学室、沥青室、成型室、车辙室、化分室、标准养护室、检测室、留样室等相对独立的功能室。当工程路线跨度较大或交通不便时，可根据实际情况设立临时试验室，并参照项目试验室模式布设，临时试验室为项目试验室的组成部分。

具体见图 1-9 ～图 1-15。

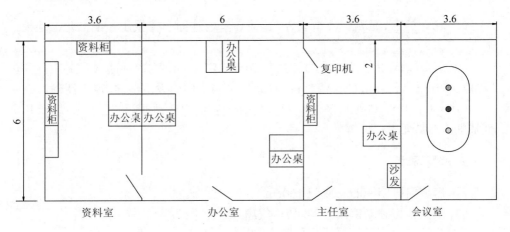

图 1-9　试验办公室平面布置图（100m²）（尺寸单位：m）

关于图 1-9 ～图 1-11 的说明：

（1）总体上应遵循布局结构，如场地不允许时，可分开布设，但房间大小及内部格局保持不变。

（2）养护室两侧宜有房间，以达到保温效果。

（3）试验室应建立在某拌合站附近，便于质量控制。

四、试验室内布置基本要求

1. 基础台面

（1）试验台台面尺寸为高 80cm× 宽 70cm，采用白色瓷砖（或大理石）贴面。

（2）试验台正面全部采用单开式（绿色或浅蓝色）门封闭。

(3)压力试验机、振筛机、混凝土振动台基础为混凝土,基础深30～50cm,C20以上混凝土浇筑,基础与地面平,并做好预留锚固孔。

(4)振动击实仪、万能试验机基础深40～60cm,C30以上混凝土浇筑,基础与地面平,并做好预留锚固孔,万能试验机要做防护网。

(5)沸煮箱基础高30cm,贴瓷砖。

(6)水泥振动台基础底面(地面)垫3～5mm橡胶垫,四周与墙分离不少于10cm,长130cm×宽50cm×高40cm,注意预留螺栓孔位置,贴瓷砖。

(7)跳桌基础与墙分离不小于10cm,长40cm×宽40cm×高69cm,侧面贴瓷砖。

(8)除养护室、混凝土成型室外,其他各室内地面一律采用(偏白色)地板砖铺砌。

(9)混凝土成型室设排水沟,沟宽15cm×深15cm,沟内地面(混凝土拌和区域)较沟外地面低5cm,便于清理,在室外排水沟出口处设沉淀池,定期清理。

(10)所有台面必须水平,特别是水泥振动台、电动跳桌、混凝土振动台、压力机基础应严格要求。

2. 房屋环境

(1)房屋门单门90cm、双门160cm。

(2)沸煮箱为独立密闭空间,装排气扇。

(3)除检测室、留样室外,均安装空调。

(4)养护室内加衬一层5cm以上保温板(或采用12砖衬砌)保温,吊顶顶高不大于2.5m(宜2.2m)。

(5)混凝土试块养护架为7层,采用40mm×40mm角钢焊制,养护架尺寸约为长225cm×宽55cm,层间净距20cm。

(6)养护架之间距离70～90cm,便于搬运试块。

3. 电路、水路

(1)各屋均设置一个总的漏电保护器,一机一开关,对于三相电及功率大于2kW的单相电设备,如烘箱、电阻炉、沸煮箱等需单独设置漏电保护开关。

(2)根据设备总功率,由专业电工配置总线,满足安全用电要求,总线需设置在试验室后面,各室总漏电保护盒统一设置在各室后墙同一位置(后窗上方一侧)。

(3)各机器分线采用明线,用线盒包封,距地面高度1.6m,这样的好处在于墙

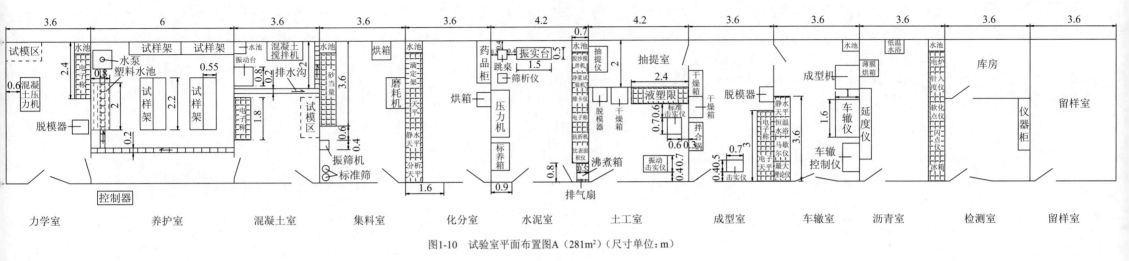

图1-10 试验室平面布置图A（281m²）（尺寸单位：m）

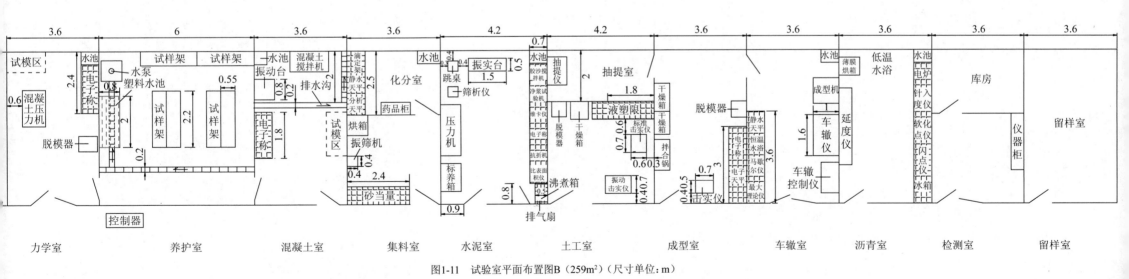

图1-11 试验室平面布置图B（259m²）（尺寸单位：m）

第1章 试验室前期建设 19

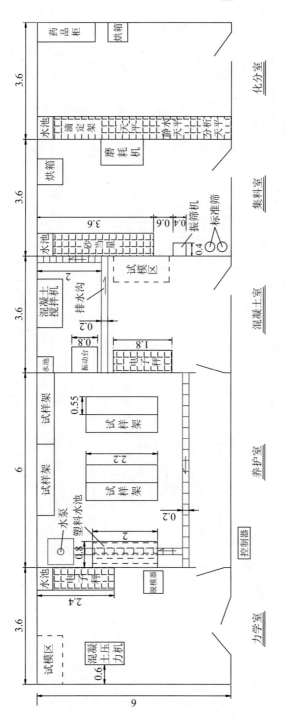

图 1-12 路面试验室布置大样图 A（尺寸单位：m）

20 公路工程施工项目试验室标准化管理指南

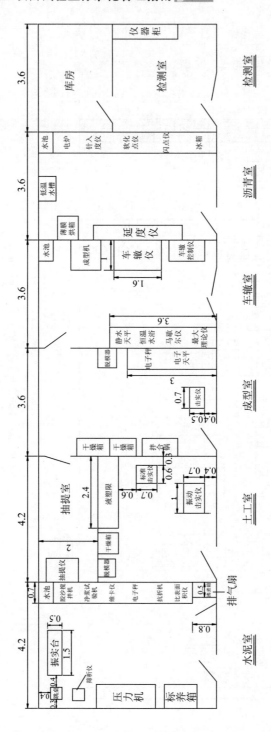

图1-13 路面试验室布置大样图A（尺寸单位：m）

第1章 试验室前期建设

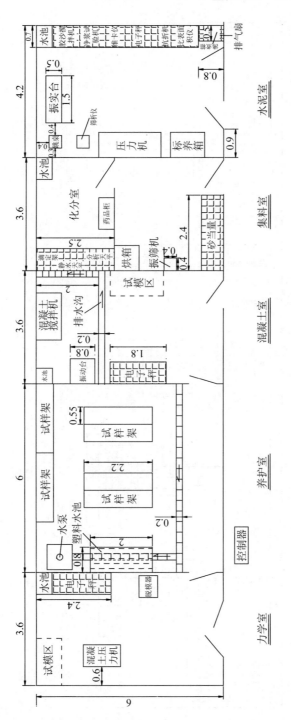

图1-14 路面试验室布置大样图B（尺寸单位:m）

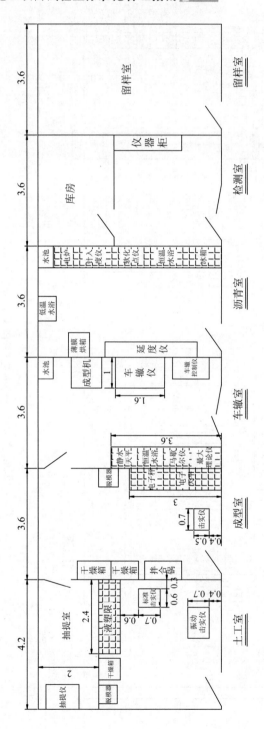

图 1-15 路面试验室布置大样图 B（尺寸单位：m）

面整洁,无竖向分线盒,便于安放上墙图表。

(4)采用方盆式水池,与台面同高,镶嵌于台面内。

(5)养护室集水井,采用直径(或边长)不小于80cm×高100cm的塑料筒(或铁筒),安放在集水井下方,以保证不渗水,上方采用混凝土砌筑,设排水沟和沉淀池,加水篦子。

(6)气温低时,设自动加水、加热装置,用热蒸汽加热、加湿,利于节能。

4. 其他

(1)需单独设置留样室和库房,以保证试验室整洁、规范。
(2)仪器操作规程统一并排安放在墙壁一侧,整齐美观。
(3)办公室和配有电脑的仪器操作室,需加设防盗门、窗。
(4)试验室不设置在项目部的,需设置值班室。
(5)试验室单独配电表。
(6)设置消防设施。

第4节　标识、标牌要求

一、门牌样式

门牌样式如图1-16所示。

图1-16　门牌样式

二、仪器操作规程、岗位职责、管理制度等

试验机操作规程如图1-17所示。

24　公路工程施工项目试验室标准化管理指南

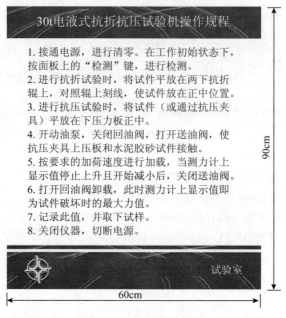

图1-17　试验机操作规程

三、样品标识牌

样品标识卡如图1-18所示。

图1-18　样品标识卡

四、设备标识牌

仪器设备管理卡如图 1-19 所示。

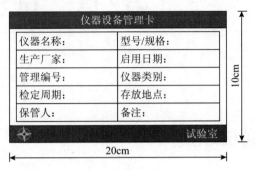

图 1-19　仪器设备管理卡

第2章 试验室管理

第1节 岗位职责

一、试验室工作职责

项目试验室的工作是在项目总工的领导下,负责项目的所有试验检测工作,其主要职责为:

(1)负责贯彻执行国家和行业有关技术政策法规、技术标准、施工规范和试验规程,做好施工过程中的各项试验检测工作,试验数据准确、可靠,试验频率符合要求。

(2)负责制订试验仪器设备购置计划和项目试验计划,做好开工前各项试验的试验、申报和审批工作。

(3)负责配合比设计和优化施工配合比工作,为工程的正常施工提供各种技术参数和准确的试验检验数据。

(4)负责对工程所有原材料进行检验和试验,对不符合规程要求的原材料和工序产品,进行标识并及时清理出场,防止被错用、误用。

(5)对施工过程中的现场试验和检测实施全过程监控,实行动态管理,施工过程中随时指导纠正,避免不合格品的产生和流转到下一个施工工序;配合相关部门对工程质量进行现场检测,对存在问题提出建议和措施。

(6)建立试验仪器设备台账,做好试验设备的使用、保养和维护,并按规定周期及时送检。

(7)做好所有试验报告和试验原始记录的收集、整理、签认、传递、保存、归档工作;及时上报业主、监理和上级主管部门要求的各种试验报表和资料。

（8）负责工程交工前的最终检验和试验；并按交工验收要求，将所有的试验记录、报告以及分项、分部和单位工程的评价结果等资料进行整理并装订成册。

（9）收集各类试验科技信息，努力学习新技术、新试验规程和新测试方法，做好新技术、新材料的试验和推广工作。

（10）展开本部门工作有关的危险源和环境因素识别工作，评价出重大危险源和重要环境因素；并针对评价结果制订相应管理措施或管理方案，负责对本部门工作有关的重要环境因素进行合规性评价。

二、试验室主任岗位职责

（1）在项目总工的领导下，根据项目总体施工计划，组织开展试验检测工作，全面负责项目试验室的各项工作。

（2）组织本室职工学习、贯彻、实施党和国家颁布的有关标准、方针、政策、法令、法规、规范、条例。

（3）负责布置和检查本室业务工作，执行项目的各项管理制度。

（4）负责试验室人员的调整，对项目试验人员的聘用、考核、调动有建议权。

（5）负责制订本室的年度工作计划，组织配置本室所需资源。

（6）负责检测人员的安全教育工作，对发生的重大质量检测事故和安全事故，调查和分析原因，追究责任，分别予以处理。

（7）参与项目技术问题的解决，对项目的试验检测有决定权，对技术管理工作有建议权。

（8）负责试验检测报告的审核。

（9）对项目完工时，试验仪器设备的处置提前进行计划，向公司中心试验室提出建议。

三、技术负责人岗位职责

（1）在主任领导下，全面负责试验室的技术管理工作，协助主任完成全年的试验检测工作目标。

（2）认真执行国家及部里颁布的现行有效的施工及检测试验技术规范、验收标准和方法，负责样品、标准、档案、文件等技术管理工作。

（3）编制试验人员培训计划，组织实施人员培训及业务考核，对各试验室的检测、试验工作进行业务指导；解决试验（检测）工作中的疑难问题。

（4）负责试验记录、报告、台账的建立，做好试验资料的整理归档工作。

（5）领导建立试验仪器设备台账，组织做好试验设备的使用、保养和维护，并按规定周期及时送检。

（6）带领课题组成员完成所承担的试验科研任务。

（7）参与工程项目实施过程中重大试验检测问题的解决。

（8）负责签发试验检测报告。

（9）主持制订检测大纲、检测实施细则、检测仪器设备的操作规则、制订非标准仪器设备的暂行自校方法等。

（10）参与原材料选场调查，并通过试验对所选材料质量做出评价。

（11）运用数理统计分析，建立试验工作预警机制，及时发现质量隐患，应采取预防措施。

四、质量负责人岗位职责

（1）在主任的领导下，负责对检验、测试质量进行监督管理工作。

（2）负责试验检测监督工作，检查各类人员的检验质量和工作质量。

（3）在技术负责人因故不能执行任务时，由质量保证负责人代行技术负责人职权；对检测资料、数据的准确性和可靠性负责。

（4）负责审核试验检测报告，管理试验检测资料，督促工地试验室向业主中心试验室和驻地监理机构做好报表工作。

（5）参与质量事故和用户对检测结果提出申诉、异议的处置。

（6）负责对试验室及所属各试验室监视和测量装置的管理、指导、监督和检查；贯彻、实施有关计量标准。

（7）制订和实施监视和测量装置周期鉴定/核准计划，定期组织人员维护、检查仪器设备，保证在用仪器设备完好、精度合格。

（8）负责防火、安全用电等检测工作的安全和实施废气、废水、固体垃圾等有害物质处理，保障环境要求。

五、试验检测员岗位职责

（1）严格按照试验标准和操作进行试验／检测，并对其工作质量负责。

（2）做好试验／检测的原始观察记录和数据处理，出具原始试验／检测报告。

(3)负责仪器设备的维护保养和试验室的清洁卫生工作,并做好仪器使用记录填写工作。

(4)有权拒绝不符合规定要求的外界干扰,对相关的技术资料负有保密责任。

(5)完成试验室主任或试验检测工程师交办的其他工作。

六、资料员岗位职责

(1)负责室内试验检测原始记录、试验报告的填写及试验台账登记;负责试验报告的发放、保管、整理归档。

(2)负责有关标准、规范、规程及书刊资料的管理工作;建立试验规程、施工规范、评定标准等受控清单。

(3)各类资料应分类保管,以便查找,入库的资料均应登记,并建立保管目录备查。

(4)密切注意国内外有关产品检验工作的发展动态,随时收集最新的产品标准、检验规程、规范、细则、方法。失效文件应及时从所有发放和使用场所撤回,或采取其他措施防止误用。

(5)对试验仪器设备的履历书、说明书、鉴定证书,进行统一保管。

(6)严格遵守保密制度,不得随意复制、散发检测报告,不得泄露原始数据。

(7)丢失资料,应按质量事故处理。

(8)做好防火、防盗、防蛀工作,以防资料的损坏。

(9)完成领导交办的其他工作。

七、计量员岗位职责

(1)负责建立试验室计量器具台账,做到账、物相符。

(2)负责组织联系在用计量器具的送检和自检工作。

(3)建立和保管寄来的各种器具档案,及时将鉴定证书归档。

(4)仪器设备在使用期内发生故障时,负责联系修理和重新检定。

(5)对本试验室的计量器具检定工作起监督作用,未经检定不准使用,超过有效期有权停用。

(6)及时上报各种计量资料,反映计量器具使用及计量工作情况。

第 2 节 管理制度

一、标养室管理制度

(1) 试验室应建立砂浆、混凝土试块的标准养护室,室内温度 20℃±2℃,相对湿度大于 95%,标养室的面积应满足施工需求。

(2) 标养室内应设试块放置架,试块放在架上彼此间距为 10～20mm。

(3) 标养室内加湿装置,必须保证喷出的水是雾化状态,不能用水直接淋刷试件。

(4) 砂浆、混凝土试块标准养护室检验周期为半年。标准养护室检验应满足相关要求。

(5) 混凝土标养室应设专人管理,每天按时进行温度和湿度的测试,并记录。当发现温度、湿度有差异时,应及时进行调整。

(6) 标养试件应注明日期、编号。

(7) 标养室内不准存放其他物品。

二、化学室管理制度

(1) 不准在工作间内做与试验无关的事情,也不准将与试验无关的物品带入工作间内。

(2) 非工作人员未经许可不得进入工作间内,不准在工作间内抽烟和打闹。

(3) 操作时,必须穿工作服或耐酸防护服,使用腐蚀性试剂时必须戴防酸碱手套。

(4) 使用蒸馏水、水浴锅等设备时,要先检查水位,再开电闸,防止加热管炸裂。高温炉、电热板等,应先断电源再送试样。

(5) 标准溶液和常用试剂要贴好标签,注明名称以及浓度配制时间。

(6) 仪器设备要经常擦拭,并按规定进行保养。

(7) 使用毒害品、危险品时,试验人员不得少于两人,并应在通风柜内进行。操作前按规定进行检查,作好安全防护工作,危险品、毒害品等不准在操作间内储存。

(8) 试验后应做好记录,关闭水电源,并清扫室内卫生。

三、混凝土室管理制度

（1）工作间不准存放与试验无关的物品，也不准将试验仪器挪作他用。
（2）试验室温度为 20℃±5℃。
（3）操作人员必须熟悉仪器的性能和操作规程。
（4）试验前应将搅拌机及相关机具等用湿布或砂浆浸润，试验后要擦洗干净。
（5）严格按试验标准、方法操作，并做好原始记录。
（6）将已编号的试件拆模后，应立即放入标准养护间进行养护，试模要擦净、装好、上油，并堆放整齐。
（7）正确使用和保管试验设备，定期进行保养和检定，经常保持仪器设备的整洁与完好。
（8）试验完成后必须填写仪器设备使用登记台账。
（9）工作间内要保持干净。

四、集料室管理制度

（1）工作间内仪器不得乱动，不准存放与试验无关的物品。
（2）操作人员必须熟悉仪器的性能和操作规程。
（3）试验前，应先检查仪器是否正常；试验后，要擦拭干净并涂油。
（4）严格按试验标准、规范中规定方法操作，并做好原始记录。
（5）试验完成后，必须填写仪器设备使用登记台账。
（6）工作间内应保持清洁卫生，试验后切断电源。

五、力学室管理制度

（1）不得乱动工作间内仪器仪表，也不得在工作间内做与试验无关的事情。
（2）试验室温度应保持为 10～35℃，对温度要求严格的试验，试验温度应为 23℃±5℃。
（3）压力机、万能材料试验机应由计量部门检定合格后，方可使用。
（4）操作人员必须熟悉该仪器的设备性能及用途，试验必须严格按标准方法及要求的操作规程进行。
（5）认真做好原始记录，试验后须填写仪器设备使用登记台账（簿）。
（6）工作间内保持清洁卫生，试验后必须切断电源。

六、水泥室管理制度

（1）与试验无关的物品一律不准带入工作间内，并不得将试验仪器挪作他用。

（2）水泥间温度应保持20℃±2℃，相对湿度大于50%，试样、试模及水的温度与室温相同，室内应经常记录温湿度。

（3）检测人员应对所使用的仪器及配件性能完全了解，熟悉每项试验操作程序，并做好相关记录。

（4）在操作过程中，如发现仪器异常，应立即关机，并查明原因。

（5）试验完毕，应将所使用的仪器、配件擦洗干净，放回原处，试验废料应于当日清理完毕，关闭所有门、窗、水、电等。

（6）定期保养仪器，保持室内清洁，应注意计量仪器的检定周期。

七、土工室管理制度

（1）工作间内仪器不得乱动，不准存放与试验无关的物品。

（2）操作人员必须熟悉仪器的性能和操作规程。

（3）试验前应先检查仪器是否正常，试验后，要擦拭干净并涂油。

（4）严格按试验标准、规范中规定方法操作，并做好原始记录。

（5）试验完成后，必须填写仪器设备使用登记台账。

（6）工作间内保持清洁卫生，试验后切断电源。

八、沥青室管理制度

（1）试验检测人员必须了解本室仪器设备的性能，并认真做好仪器设备的使用记录。

（2）试验检测人员在操作前必须熟悉试验检测操作步骤及注意事项，做到有条不紊，避免在操作过程中查阅试验检测规程。

（3）试验检测过程中，应注意通风、排气，减少有害气体对试验检测人员的伤害，沥青加热应根据沥青技术指标和规范要求进行加热，注意温度。每次加热后必须将盛样容器清理洗净，避免影响其他样品。

（4）严格按照规定的试验检测规程操作，认真核对仪器设备的准确度。

（5）在操作过程中，如发现仪器设备异常，应立即关机，并查明原因。

（6）试验检测完毕，应将仪器设备、试模及工具擦拭干净，精密仪器应入柜或套上防尘套,及时清理残余沥青,已检试样按规定程序处理,做好试验检测台账。

(7)试样按试样登记和处理程序进行。

(8)严禁无关人员进入本室。

(9)严禁在本室内吸烟。

九、沥青混合料室管理制度

(1)试验检测人员必须了解本室仪器设备的性能,并认真做好仪器设备的使用记录。

(2)试验检测人员在操作前,必须熟悉试验检测操作步骤及注意事项,做到有条不紊,避免在操作过程中查阅试验检测规程。

(3)试验检测过程中,应注意通风、排气,减少有害气体对试验检测人员的伤害,沥青混合料应根据其技术指标和规范要求进行加热,注意温度。

(4)严格按照规定的试验检测规程操作,认真核对仪器设备的准确度。

(5)在操作过程中,如发现仪器设备异常,应立即关机,并查明原因。

(6)试验检测完毕,应将仪器设备、试模及工具擦拭干净,精密仪器应入柜或套上防尘套,及时清理残余沥青混合料,已检试样按规定程序处理,做好试验检测台账。

(7)试样应按试样登记和处理程序进行。

(8)严禁无关人员进入本室。

(9)严禁在本室内吸烟。

十、试验仪器设备管理制度

(1)试验仪器设备,均应有使用说明书、操作规程和检验校准时间、记录人及保管人,建立仪器设备台账和档案。

(2)新购的仪器设备,必须进行全面检查和检定,合格后方可使用。正常使用的仪器应定期检查,均应建立检查记录和设备台账。

(3)属计量器具的设备,均应有有效的计量检定合格证,严格执行彩标管理。

(4)压力机、万能试验机等操作复杂的仪器设备,将使用操作规程贴挂在仪器旁边,以便正确使用仪器。

(5)试验人员必须自觉爱护仪器设备,经常保持仪器设备整洁、润滑,安全正确使用。

(6)试验人员要按操作规程使用仪器设备,会保养、会使用、会检查、会排除一般性故障。

（7）非试验人员不得擅自操作使用仪器设备。特殊情况下，经试验室主任同意后方可使用。

（8）不合格无法使用的设备，申请报废要履行报废审批程序。

（9）试验设备购置应先上报计划、履行审批购买程序。

十一、检测事故分析报告制度

（1）检测过程中发生下列情况，按事故处理：

①物品丢失、仪器零部件丢失。

②检测报告、原始记录丢失。

③由于人员、设备、环境不符合检测工作要求，试验方法有误，数据差错，而造成的检测结论错误。

④检测过程中发生人身伤亡。

⑤检测过程中发生仪器损坏。

（2）违反上述规定均为责任事故，按经济损失的大小、人身伤亡情况分成小事故、大事故和重大事故。

（3）重大或大事故发生后，应立即采取有效措施，保护现场，通知有关人员处理事故。

（4）事故发生三天内，填写事故报告单，报告有关部门。

（5）事故发生后，负责人召开事故分析会，对事故直接责任人按有关程序进行处理，对事故作善后处理并制订相应的预防措施，以防类似事故发生。

（6）重大或大事故发生后一周内，中心应向上级主管部门补交事故处理专题报告。

十二、试验检测记录、报告的填写与检查制度

（1）试验检测记录、报告、台账等质量记录，采用监理工程师或指挥部统一规定的格式。

（2）试验检测记录、报告等，必须用蓝黑或碳素墨水填写，字迹清晰，内容准确完整，试验结果正确，评定结论明确。

（3）所有试验记录项目，不能有空白，没有内容的填"一"或"无"。

（4）试验报告中的数字保留、修约等要与试验规程及数据修约规则要求的

一致。

（5）试验记录按表格设计要求，签字齐全后方可有效。

（6）试验记录更改时，更改人必须在表中备注处或更改内容附近处签字或盖更改人章。

（7）试验记录，要按试验项目分类统一编号，做到记录、报告、台账三统一。

（8）试验记录、报告，要分类分项存放，便于查阅、上报及归档。

（9）在合同规定的期限内，质量记录可供业主和第三方查阅。

（10）试验记录由专人专柜保管，防止丢失、损坏、霉变。借阅或发出的报告等要进行登记。

（11）试验记录、报告的保存期限，按规定处理。

（12）过期或无保存价值的试验记录销毁时，按规定处理。

十三、试验文件、技术规范、规程管理制度

（1）对于上级、甲方、指挥部下发的文件，首先进行登记，由试验室主任将文件内容及要求及时传达给相关责任人，并遵照执行。

（2）试验室要配齐标书要求使用的所有技术标准、规范、试验规程及与试验室工作有关的技术规范部分。

（3）技术标准、规范、试验规程等公用书籍应登记，按手续借阅归还，不得私人独自占用，调动工作时及时交回。

（4）技术标准、规范、试验规程等，试验室要有清单，确保试验室使用的是有效版本。

（5）作废的文件或规范要及时清理，盖作废章并履行文件和资料销毁规定。

（6）试验人员外出学习带回的专业技术性资料，试验室要登记保存公用。

（7）试验室要指定专人对试验室的文件、标准、规范进行登记、发放、借阅、使用、保管、销毁等。

十四、样品、资料、档案管理制度

（1）本室自采或外单位送来的样品，必须进行登记、编号，并有专人保管，确保样品不丢失、不混淆、不损失。

（2）试验分室送到本室的样品应按本室规定，填写试验委托单，试验人员应对照委托单上填写的项目逐项进行核对，检查、确认无误后，收样人应在委托试验单

上签名。

（3）对已接收的样品，要妥善保管，并安排检测试验。

（4）各种技术性资料和试验资料，要分类装订成册，放在资料盒中，摆放要整齐，以便于查阅。

（5）本单位人员确因工作需要查阅文件资料时，原则上只能在档案室查阅，若要借出需经试验室主任同意，同时应办理手续，借期不超过一星期。

（6）外单位人员查阅资料时，需持单位介绍信，并经试验室主任批准，只限在档案室内查阅，不准带出试验室，未经允许不准摘录、拍照、复印。

（7）发放的资料（包括试验记录、报告等）应详细登记，设立资料发放登记簿。

（8）根据文件资料的重要程度，确定存档期限，超期的文件资料经试验室主任批准后销毁，并在档案目录中予以注销。

十五、试验外委制度

（1）外委试验要委托有资质或监理工程师指定的试验机构进行。

（2）外委试验要建立委托试验台账。

（3）委托试验要填写委托检测项目、使用的试验规程和评定的标准。

（4）送样的数量、规格、型号、代表的数量、有无监理旁站等，应在委托试验单内填写清楚。

（5）取试验报告时，要检查试验报告是否符合委托要求，包括试验数据和试验项目。

（6）委托试验要经项目总工批准，试验室予以实施。

十六、试验质量保证制度

（1）试验人员必须经培训考试合格取得上岗证后，才能在指定岗位上进行试验工作。

（2）试验人员要依照标准、操作规程、合同要求等进行试验检测工作，工作要精益求精，数据要真实可靠，对试验数据负责。

（3）试验设备要按照仪器设备管理制度的有关规定执行。

（4）试验设备有故障或过期未标定，不得投入检测工作。

（5）保持设备运行完好率，试验室的环境、温度、湿度条件应符合检测工作的要求。

(6)读取数据与记录数据,必须按有关标准规定的检测方法与步骤进行。

(7)对试验所得数据进行可靠性分析,如实准确地填写在试验记录中。

(8)检测报告是判定原材料、半成品、成品质量的主要依据,要履行审核手续,签字齐全后对外发出。检测报告发出后必须留一份存档备查。

(9)试验室内设备、安全、卫生等,应设专人管理。

十七、不合格品管理制度

(1)所有的不合格品不得进入施工现场,严禁在工程中使用。

(2)对进入施工现场的钢筋、水泥、外加剂、粉煤灰、矿粉、砂、石等原材料,如发现检测不合格,需首先检查试验仪器的状态和精度,然后在监督员的监督下用相同和不同的检测方法进行重复检测。若经过两次以上的平行和重复性试验仍不符合要求,则不得使用,必须清退出场。

(3)对于钢筋焊接、机械连接等试件中出现的检测结果不合格,由质量负责人负责组织双倍抽样检测,如仍不合格应禁止使用。如施工工艺不符合要求,则采取相应措施改进施工工艺。

(4)对于混凝土试件中出现的不合格,要进行回弹、钻芯取样等检测,如仍不合格,则采取报废措施。

(5)对于可以挽救的不合格品,如碎石含泥量超标、砂卵石过多等,必须经过处理以满足工程质量要求。

(6)对于发生的所有不合格品,必须有记录、数据齐全,并由质量负责人负责组织召开分析会议,制订对策,杜绝类似事件重复发生。

十八、试验室安全制度

(1)各试验人员要自觉执行上级、本企业有关安全技术及安全操作规程,确保安全工作。

(2)试验室主任负责试验室的安全工作,经常进行安全教育和安全检查,采取有效措施消除事故隐患,防止事故发生。

(3)试验人员必须对本岗位的安全负责,加强对电、火、水和易燃品、易爆品、危险品的安全管理。

(4)对于化学药品要有严格的发放、使用规定。废液处理不得污染环境。

(5)试验室安全要设专人每月定期检查一次,经常进行检查,发现不安全因素及时排除,并有权责令停止违章工作。

(6)对于试验室所用的电源、火源、电器线路等,不得随意变动。

(7)有核子密度仪的试验室,要有专人使用保管,不要随意安放,以免核辐射造成人身伤害。

(8)试验室设置的消防器材,严禁随意变动位置。

十九、化学药品及易燃、易爆、有毒类重要物品的管理制度

(1)管理易燃易爆品、剧毒物品、化学药品的管理人员,必须具备高度的责任心,作风严谨,工作踏实,严于职守,自觉遵守有关各项规章制度。

(2)管理人员必须对易燃易爆品、剧毒物品、化学药品建立详细账册,包括总账、明细账、领用审批单、领用记录册。

(3)管理人员必须将易燃易爆品、剧毒物品、化学药品按规定分门别类存放,并在存放处贴上标签。

(4)任何领用易燃易爆品、剧毒物品、化学药品者,必须持有审批单,并办理登记领用物品名称、数量、用途、领用人签字等手续。

(5)管理人员必须对易燃易爆品、剧毒物品、化学药品做好防尘、防潮、防腐蚀、防暴晒等各项工作,保持存放室内整洁,严格做好预防事故工作,避免因管理疏忽而产生不良后果。

(6)易燃易爆品、剧毒物品、化学药品,自然失效需要报废时,管理人员必须事先提出申请,经试验室主任审核、查验,确认可以报废时,由主任签字,做好账册登记,方可报废。

(7)对因保管不慎、管理不当,造成易燃易爆品、剧毒物品、化学药品丢失、损坏,管理人员应立即向主任报告,不得延误时机。并对造成不良后果的管理人员,要追究责任。

第3节 仪器操作规程

一、仪器操作规程目录

仪器操作规程目录见表2-1。

仪器操作规程目录 表 2-1

序号	操 作 规 程	所在操作室
1	液塑限测定仪操作规程	土工室
2	电动重型击实仪操作规程	
3	电热鼓风干燥箱操作规程	
4	承载比(CBR)试验仪操作规程	
5	电子天平操作规程	
6	路面材料强度试验仪操作规程	
7	电动脱模器操作规程	
8	震击式标准振筛机操作规程	
9	电液式压力试验机操作规程	力学室
10	30t 电液式抗折抗压试验机操作规程	
11	100B 数显式万能材料试验机操作规程	
12	1000S 数显式万能材料试验机操作规程	
13	连续式标点机操作规程	
14	标准恒温恒湿养护箱操作规程	水泥室
15	水泥标准稠度及凝结时间测定仪(维卡仪)操作规程	
16	胶砂试体成型振动台操作规程	
17	雷氏沸煮箱操作规程	
18	水泥净浆搅拌机操作规程	
19	水泥胶砂搅拌机操作规程	
20	水泥胶砂流动度测定仪操作规程	
21	水泥负压筛析仪操作规程	
22	恒应力试验机操作规程	
23	电动勃氏透气比表面积仪	
24	混凝土贯入阻力仪	混凝土室
25	砂浆稠度仪操作规程	
26	强制式单卧轴混凝土搅拌机操作规程	
27	混凝土含气量测定仪操作规程	
28	砂浆搅拌机操作规程	
29	水泥混凝土振动台操作规程	

续上表

序号	操作规程	所在操作室
30	养护室自动控制仪操作规程	标养室
31	自动岩石锯石机操作规程	岩石室
32	双端面磨平机操作规程	
33	电子分析天平操作规程	化分室
34	沥青软化点测定仪试验操作规程	沥青室
35	沥青延度仪试验操作规程	
36	沥青针入度仪试验操作规程	
37	低温水浴操作规程	
38	自动沥青混合料拌合机操作规程	沥青混合料室
39	马歇尔电动击实仪操作规程	
40	离心式抽提仪试验操作规程	
41	矿粉离心机操作规程	
42	电动脱模器操作规程	
43	电子静水力学天平操作规程	

注：集料室、沥青室、沥青混合料室均需要烘箱、电子天平仪器规程；水泥室和混凝土室均需要电子天平规程；沥青室和沥青混合料室均需低温水浴操作规程。

二、各仪器操作规程

1. 液塑限测定仪操作规程

(1)将有代表性的土样风干,用带橡皮头的研杵研碎或用木棒在橡皮板上压碎土块,并全部通过0.5mm筛子。

(2)按一皿法或三皿法加水、调土、闷土;然后将制备好的土样充分搅拌均匀,分层装入土样试杯,用力压密,使空气逸出;试杯装满后,刮成与杯边齐平。

(3)接通电源,调平机身,打开开关,装上锥体。

(4)将装好土样的试杯放在升降座上,手推升降座上的拨杆,使试杯徐徐上升,土样表面和锥尖刚好接触,蜂鸣器报警,停止转动拨杆。按"检测"键,传感器清零,同时锥体自行下沉,5s时液晶显示器上显示锥入深度,试验完毕,手拿锥体向上,锥体复位。改变锥体与土体接触位置,重复第(3)条步骤,得锥入深度,允许误差为 0.5mm，否则，应重作。

（5）去掉锥体入土处的凡士林，取 10g 以上的土样两个，分别放入称量盒内，称重，测含水量。

2. 电动重型击实仪操作规程

（1）将电器柜上的"电机"插座与仪器"电机"插座接通。
（2）将电器柜上"电源"打开至预置数码管亮。
（3）拨动"预置"拨码盘，设置所需击实次数。
（4）按"置数"按钮，预置数码管即可显示出已选择的数字。
（5）检查一下电机转动方向是否正确。
（6）将试筒及套环装好，按规定加入一层所需的试样数量，整平表面，并稍加压。
（7）将工作选择置于开机状态，电机启动达到击实次数，窗口显示"00"后停止，同时出现音乐报警声。
（8）重复"（3）、（4）、（5）、（6）、（7）"步骤，进行其余各层土的击实。

3. 电热鼓风恒温干燥箱操作规程

（1）检查仪器的运转情况是否良好，接通电源。
（2）打开功能开关，将温度调节到试样所需要的温度，进行预热。
（3）预热完毕，打开窗门，迅速将试样放进干燥箱进行烘干，烘干时间应依据规范要求进行。直至试样达到恒重时为止。
（4）关闭温控开关，取出试样。
（5）清除干燥箱内的杂物，关上窗门，拉下电源总开关。

4. 承载比（CBR）试验仪操作规程

（1）接通电源。
（2）根据所做的试验，确定选择应力环量程及仪器手柄的位置。
（3）将泡水试验终了的试件，放到试验仪的升降台上，调整偏球座，使贯入杆与试件顶面全面接触，在贯入杆周围放置预定数量的荷载板。
（4）先在贯入杆上用手轮施加 45N 荷载，然后将测力环测形变的百分表调整到零点。
（5）加荷压入手轮，记录测力百分表某些读数的贯入量，并注意贯入量为 2mm 时，能有 8 个以上的读数，总贯入量应超过 7mm。
（6）试验完毕，上升贯入杆，取下试件，擦拭干净，关闭电源。

5. 电子天平操作规程

（1）将秤盘套入天平主体的中心轴上，电源体插入电源插座。

（2）电源电压为交流 220V，并要求带有电源地线，使天平接地可靠。

（3）天平应放在无振动、无气流、无辐射、不含腐蚀性气体的环境中。

（4）调节左右调节螺栓，使水平显示器气泡位于中心。

（5）接通电源，打开电源开关，预热 30min 左右。

（6）用校准砝码校正天平。

（7）校正完毕后即可进行称量。

（8）移动天平前必须将天平清零，关闭开关。

6. 路面材料强度试验仪操作规程

（1）在丝杆盘螺纹部分适量灌注机械油。将适当的测力环用固定螺钉固在支架上，再将适当附件（压头）固定于测力环上。

（2）将试件置于丝杆盘上。变速箱后有一机构选择手柄，手柄有三个选择位置（以手柄上三条刻线与平面对正为准），将选择手柄置于推进位置，开动电机，丝杆盘可获得 50mm/min 的上升速度：适宜于做沥青混凝土的马歇尔试验。将选择手柄置于拉出位置，开动电机，丝杆盘可获得 1mm/min 的上升速度：适宜于做承载比等需要按此速度进行的试验。将选择手柄置于拉出中间位置即可进行手动升降进给，可获得 1/6mm/r 的速度：可用于其他需要施加垂直荷载的试验。

（3）如在推进（或拉出）选择手柄过程中，推进（或拉出）不到应有位置时，可适当摇动方头手柄，即可使选择手柄推进（或拉出）到适当位置。

（4）当测力环上百分表的指针停止转动时，读取指针所指读数即为试验所施加的荷载量。

（5）卸荷，取下试件。擦拭仪器，保持仪器的整洁。

7. 电动脱模器操作规程

（1）使用前，应先检查立柱上下各螺母是否紧固，如有松动，则应拧紧，并按所脱不同试模及规格，选用相应压板或垫块等进行脱模。

（2）接通电源，试验升降按钮动作应与丝杠升降相一致；如不一致，应立即调整电机三相电源接线相位，检查限位开关运作是否正常。

（3）保证试模筒定位准确。因各种仪器所用的试模筒结构不一，因此，对不同试模筒应采用不同的定位方法。

（4）将试模连同试件一并置于脱模丝杠顶端或垫块上,用手扶持对正。然后缓慢上升丝杠,使试模筒上端对正顶梁(或压板)上的凹槽并靠紧,确保试模筒定位准确,不偏斜。随即停止丝杠上升。再将支承板上移托住试模筒底。拧紧两侧紧定螺钉,即可进行脱模。

（5）脱模中如发现有阻力极大、皮带打滑或其他异样情况,试件难以从试模中脱出时,应立即停机,并使丝杆下降,仔细检查原因,进行调整,排除故障后再进行操作。

（6）顶梁位置如需变动,在调节后顶梁与基座上下平面之间两侧立柱的高度必须一致,即使顶梁仍保持水平,否则将造成脱模困难甚至损坏机具。

（7）仪器应水平安置稳固,地面应平坦,电机应有接地安全防护装置。

（8）经常保持仪器的整洁,每次使用后须擦拭干净,尤其要注意丝杆的清洁和防锈。每工作12h应向丝杆滴注适量润滑油,以保证丝杆在工作中的正常润滑。

8. 震击式标准振筛机操作规程

（1）开机前,拧出上螺塞,加足润滑油。

（2）装套筛时,先钮紧螺栓左旋以松开筛盖固定顶杆。

（3）连同筛盖往上提,右旋固定,置套筛于筛托盘上。

（4）再将螺栓左旋松开往下压并右旋使之固定,即可工作。

（5）接通电源,调整时位旋钮之所需工作时间,开动振筛机,达到设置时间后,自动停止工作,此时切断电源,取下套筛。

9. 电液式压力试验机操作规程

（1）接通电源。

（2）将试样放在试台的中央位置,旋转螺杆将试样固定在试台上。

（3）开动油泵调整测力计上数值显示,按"置零"键归零。

（4）关闭回油阀,按试样要求的加荷速度,缓慢地拧开送油阀进行加荷试验,直至试件被压碎,负荷下降。随即打开回油阀,使油液迅速流回油箱。

（5）记录需要数值。

（6）卸载后反向旋转螺杆,取下试样。

（7）试验完毕,要打开回流阀,关闭送油阀,切断电源。

10. 30t 电液式抗折抗压试验机操作规程

（1）接通电源,进行清零。在工作初始状态下按面板上的"检测"键,进行检测。

(2)抗折时将试件平放在两下抗折辊上,对照辊上刻线使试件放在正中位置。
(3)进行抗压试验时,将试件(或通过抗压夹具)平放在下压力板正中。
(4)开动油泵,关闭回油阀,打开送油阀,使抗压夹具上压板和水泥胶砂试件接触。
(5)按要求的加荷速度进行加载,当测力计上显示值停止增大且开始减小后,关闭送油阀。
(6)打开回油阀卸载,此时测力计上显示值即为试件破坏时的最大力值。
(7)记录此值,并取下试样。
(8)关闭仪器,切断电源。

11. 100B 数显式万能材料试验机操作规程

(1)接好电源线,按"开泵"按钮,指示灯亮。
(2)开动送油阀使试台上升约 10mm,然后关闭送油阀。如果试台已在升起位置时,先开动油泵送油,仅将送油阀关好即可开起位置,则不必先开动油泵送油,仅将送油阀关好即可。
(3)将试样的一端夹于上钳口中。
(4)数显仪清零点。
(5)开动电动机,将下钳口升降到适当高度,将试样另一端夹在下钳口(需注意使试样垂直)。
(6)按试验要求的加荷速度,缓慢地拧开送油阀进行加荷试验。
(7)试样断裂后,关闭送油阀。
(8)打开回油阀卸荷。
(9)取下断裂后的试样。
(10)关闭仪器,切断电源。
注:压缩及弯曲等试验可参照上述各项进行操作。

12. 1000S 数显式万能材料试验机操作规程

(1)接好电源线,按"开泵"按钮,指示灯亮。
(2)开动送油阀使试台上升约 10mm,然后关闭送油阀。如果试台已在升起位置时,先开动油泵送油,仅将送油阀关好即可开起位置,则不必先开动油泵送油,仅将送油阀关好即可。
(3)将试样的一端夹于上钳口中。
(4)数显仪清零点。

（5）开动电动机,将下钳口升降到适当高度,将试样另一端夹在下钳口（需注意使试样垂直）。

（6）按试验要求的加荷速度,缓慢地拧开送油阀进行加荷试验。

（7）试样断裂后,关闭送油阀。

（8）打开回油阀卸荷。

（9）取下断裂后的试样。

（10）关闭仪器,切断电源。

注：压缩及弯曲等试验可参照上述各项进行操作。

13. 连续式标点机操作规程

（1）接通电源,指示灯亮。

（2）首先确定标距,调整标距的方法是松开打印总成两侧的固定螺丝5mm,再把螺丝紧固。

（3）提升锥杆,提升手柄,把钢筋调直放入V形槽内（螺丝钢直线边向上紧固好）。

（4）落下手柄离合,使锥杆处于最低处,调整高度,调节手柄,使锥尖接触钢筋后,再继续下调1～2mm,以确保锥头有足够的打入钢筋的余量。

（5）提起手柄离合,然后按动倒停顺开关,把打印总成行至左边位置,有自动停止器。

（6）落下锥杆,按动倒停顺开关,同时把打印总成行至最右端自动停止。

（7）提起锥杆,松开紧固钢筋卡具,取出钢筋,打印完毕。

（8）再把打印总成行至左边位置,以保持下一次工作的准备状态。

14. 标准恒温恒湿养护箱操作规程

1）操作使用

（1）取出加湿器,打开水箱盖,向加湿器水箱内加足纯净水,再放回底座。

（2）打开箱体侧门,把加湿器安装在托板上。装上加湿器接头并和箱内进气管连接好,插上电源插头。

（3）接通电源,打开电源开关,进行温度设定,按动控制器上的温度设定拨码,使之为控制温度（即20℃）。把湿度设定拨码设定为控制湿度（≥90%）。然后再打开所有控制开关,即可自动控制。

2）注意事项

（1）箱体应置于通风、干燥、平整、无腐蚀的环境中。

（2）箱体就位后，须静止 24h 后方可通电开机，必须用稳定电压电源，压缩机停止工作后必须间隔 3min 以上，以免烧坏压缩机。

（3）开机前必须检查放水阀是否关闭，以免漏水后电热管脱水损坏。

15. 水泥标准稠度及凝结时间测定仪操作规程

（1）测定前须经检查，以保证测定仪的金属棒能自由滑动；试锥降至锥模顶面位置时，指针应对准标尺零点。

（2）标准稠度的测定：将拌制好的水泥净浆装入已置于玻璃底板上的试模中，用小刀插捣，轻轻振动数次，刮去多余的净浆，抹平后迅速将试模和底板移到维卡仪上，并将其中心定在试杆下，降低试杆直至与水泥净浆表面接触，拧紧螺丝后，突然放松，使试杆垂直自由地沉入水泥净浆中。在试杆停止沉入或释放试杆 30s 时记录试杆距底板之间的距离，升起试杆后，立即擦净，整个操作应在搅拌后 1.5min 内完成。以试杆沉入净浆并距离底板 6mm±1mm 的水泥净浆为标准稠度净浆。其拌和水量为该水泥的标准稠度用水量（P），按水泥质量的百分比计。

（3）初凝结时间的测定：将拌制好的水泥净浆一次装入圆模，振动数次后刮平，然后放入湿气养护箱内。拌制净浆开始加水时的时间作为凝结时间的起始时间。试件在湿气养护箱中养护至加水后 30min 进行第一次测定。测定时，将圆模放到试针下，使试针与净浆表面接触，拧紧螺丝 1～2s 后突然放松，试针垂直自由沉入净浆，观察试针停止下沉或释放试针 30s 时指针的读数。操作时应轻轻扶持金属柱，使其徐徐下降，以防试针撞弯，但结果以自由下落为准。当试针沉至距离底板 4mm±1mm 时，水泥达到初凝状态，由水泥全部加入水中至初凝状态的时间为水泥的初凝时间，用 min 表示。

（4）终凝时间测定：为了准确观测试针沉入的状况，在终凝针上安装了一个环形附件，完成初凝时间测定后，立即将试模连同浆体以平移的方法从玻璃板取下翻转 180°，直径大端向上、小端向下放在玻璃板上；再放入湿气养护箱养护，临近终凝时间每隔 15min 测定一次，当试针沉入试体 0.5mm 时，即环形附件开始不能在试体上留下痕迹时，为水泥达到终凝状态。由水泥全部加入水中至终凝状态的时间为水泥的终凝时间，用 min 表示。

（5）在整个测试过程中试针沉入的位置至少要距试模内壁 10mm，临近初凝时间每隔 5min 测定一次，临近终凝时间每隔 15min 测定一次，到达初凝或终凝时应立即重复测一次，当两次结论相同时才能定为到达初凝或终凝状态。每次测定不能让试针落入原针孔，每次测试完毕须将试针擦净并将试模放回养护箱内，防止试模在整个测试过程中受振。

16. 胶砂试体成型振动台操作规程

（1）检查振动台在混凝土基座上是否松动，并调整好台面的水平。

（2）接通电源前，带锁开关 SW 处于闭关状态（即按钮弹出位置）。检查接地是否良好。

（3）有油杯的地方加注少许润滑油，凸轮表面涂抹薄机油以减少磨损。

（4）试验时，按下开关并锁住，电机运转，电子计数器从零计数，当到 60 次时停转。样品分两次装模，再次操作，可按放两次 SW，即可重复执行。

（5）使用后应清扫仪器上各种杂物，保持清洁，并将定位套放于原位，以免台面受力而影响中心位置。

（6）仪器经过一段时间使用后，如振幅变大超差，可用随机所附垫圈进行调整。具体方法是将止动器固定螺钉松开，取出止动器，将垫圈放入下面重新固定螺钉上紧。

17. 雷氏沸煮箱操作规程

（1）将沸煮箱的引出线、回芯线插头插入程控器背面的插座。接通电源。

（2）沸煮箱内充水 180mm（以内箱底部起算），将经过养护的试饼或雷氏夹由玻璃板上取下，平放在试饼架或者雷氏夹上，两指针朝上，横模横放于篦板上，盖上盖子。

（3）接通电源开关，指示灯亮，将选择开关置于"自动"位，补偿升温开关置于"关"位。此时，数字显示屏呈"12:00"状态。

（4）按"启动"按扭，程序控制器开始工作，显示屏秒读数闪烁，升温灯亮；30min 后仪器呈恒温状态，升温灯灭，恒温灯亮。再经 180min，仪器自动停止工作，数字显示屏复零，试验完成。

（5）仪器停止工作后，首先切断电源，过 5min 放掉箱内水，开盖冷却至室温，取出试件。待箱内余留水分自然蒸发后再盖上箱盖。

（6）当仪器由升温转至恒温工作时，如箱内水温未达到沸腾时，可将补偿升温开关置于"开"位置，此时仪器仍能继续升温直至水沸腾，再将补偿升温开关置于"关"位，进入恒温工作状态。自动程序控制仍能有效工作。

（7）如自动程序控制装置发生故障，可将选择开关置于"手动"位置，置二组电热管手动开关于"开"位置，仪器呈升温。

（8）沸煮箱内必须用洁净淡水，本设备久用后，箱内可能累积水垢，应定期清洗。

18. 水泥净浆搅拌机操作规程

（1）先把三位开关（1K，2K）都置于停，再将时间程控器插头插入面板的"程控输入"插座，然后方可接通电源。

（2）自动搅拌操作：把 1K 开关置于自动位置，即完成慢搅 120s、停 10s 后报警 5s 共停 15s、快搅 120s 的动作，然后自动停止。

（3）每次自动程序结束后，必须将 1K 开关置于停，以防停电后程控器误操作。

（4）手动搅拌操作：把 1K 开关置于手动位置，再将三位开关 2K 置于慢、停、快、停，则分别完成各个动作，人工计时。

（5）搬动手柄可使滑板带动搅拌锅沿立柱的导轨上下移动。上移到位后旋紧定位螺钉即可搅拌，卸下搅拌锅与之相反。

19. 水泥胶砂搅拌机操作规程

（1）将本机电源插入电源插座，红灯亮表示电源已接通。

（2）将程控器插头插入本机程控器插座，程控器数码管显示为 0。

（3）砂罐内装入 1350g 标准砂，搅拌锅内装入水 225g、水泥 450g。

（4）将搅拌锅装入支座定位孔中，顺时针转动锅至锁紧。

（5）搬动手柄使搅拌锅向上移动处于搅拌定位位置。

（6）将钮子开关拨至自动位置，按下程控器启动按钮，即自动完成一次工作程序。

（7）搬动手柄使搅拌锅向下移动，逆时针转动搅拌锅松开位置，取下搅拌锅。

（8）关闭仪器，切断电源。

20. 水泥胶砂流动度测定仪操作规程

仪器应安装在混凝土基座上，调整桌面水平后用螺栓紧固。

（1）将数控器与机架电源插头连接好（插头插入插座时，请用手拿插头的尾部向里插；如拔下插头时，手应拿滚花卡圈向外拉），同时先将接地标记可靠接地后方可插入 220V 电源插座，润滑部分加油后开机空跳运转。

（2）测定仪的润滑、跳动部分顶杆应保持清洁并用清油（SAE-10）稍稍润滑，圆盘与机架接触面不应该有油，凸轮表面上涂油将减少使用时的磨损。

（3）测定仪经常检查调整后方可进行正常工作，数控器面板上红色按键为电源开关，黑色按键为启动或清零开关，按下后启动电机运转，计数器计数，到 25 次后自动停止。再按此键抬起，数字显示零，即为下一次测试做好准备。

（4）测定仪使用完后应清扫仪器上的杂物，不用时请关闭电源。

21. 水泥负压筛析仪操作规程

（1）水泥样品应充分拌匀，通过 0.9mm 方孔筛，记录筛余物情况，要防止过筛时混进其他水泥。

（2）筛析试验前，应把负压筛放在筛座上，盖上筛盖，接通电源，检查控制系统，调节负压至 4000～6000Pa 范围内。

（3）称取试样 25g，置于洁净的负压筛中，盖上筛盖，放在筛座上，开动筛析仪连续筛析 2min，在此期间如有试样附着在筛盖上，可轻轻地敲击，使试样落下。筛毕，用天平称量筛余物。

（4）当工作负压小于 4000Pa 时，应清理吸尘器内水泥，使负压恢复正常。

（5）试验筛必须保持洁净，筛孔通畅。

（6）仪器使用完毕后关闭电源开关，并用抹布将仪器外表擦干净。吸尘器定期清灰。

22. 水泥抗折抗压恒应力试验机操作规程

（1）检查系统的连接是否正确可靠。

（2）将试件平放在下压板正中，启动油泵电机。

（3）打开计算机系统和控制器电源，进入抗压试验机操作系统，点击进入界面。设置试件试验参数。

（4）用鼠标点击试验操作开始试验，试验机活塞开始上升，单击荷载显示栏上"清零"按钮，荷载清零。

说明：荷载正确清零是试验结果准确性的重要保证。

（5）程序示值栏显示加载过程数据，试件破碎后，系统自动判断，试验机卸载；单个试验结果自动显示。

（6）一组试验结束后，试验结果显示区中显示试验详细结果和最终结果，记录并保存各试验数据。

（7）试验完毕清洁试验机，并套好试验机罩。

注意事项：

在进入系统前一定要关闭计算机中其他实时控制软件和应用软件，并且不要向计算机内安装非正版软件，以免感染病毒。

试验中禁止将手等人体任何部分置于上下压板之间，并注意试件在破碎时碎片迸出伤人。

应经常检查油液洁净与否，如污垢堵塞滤油器，必须及时更换。

23. 电动勃氏透气比表面积仪操作规程

(1) 被测试样烘干备用,预先测定好被测试样的密度。

(2) 将仪器放平放稳,接通电源,打开仪器左侧的电源开关,如果仪器的液晶屏显示 Err1,表示玻璃压力计内的水位未达或超过最低刻度线;如果未到最低刻度,请用滴管从压力计左侧滴入清水;如果显示屏出现比表面积值、K 值和温度值,请停止注入水,仪器处于待机状态。

(3) 标定仪器常数 K。

(4) 先测定出被测试样的密度,计算试样重量。

(5) 将容桶擦拭干净,放到容桶支架上,放入穿孔板,然后放入一片滤纸,压紧边缘,将被测试样通过漏斗缓缓倒入容桶内,轻敲圆筒的边,使试样层表面平坦。

(6) 在试样上面放一片滤纸,用捣器均匀捣实试料直至捣器的支持环紧紧接触容桶顶边并旋转两周,慢慢取出捣器。

(7) 在容桶锥形外部涂抹少许黄油。

(8) 轻轻将容桶放在玻璃压力计右侧的锥形口处,边放边旋转,使黄油均匀分布以便密封接口部分。

(9) 然后测量 S 值。

(10) 在仪器进行抽气工作时,仔细观察液面,如液面超过最上位光电管 5mm 仍未停止抽气时,及时按下 [测量 / 复位] 键,以免液体抽入到电磁阀中,如仪器不停机,调节气泵速度(调节抽气速度)。

24. 混凝土贯入阻力仪操作规程

(1) 用 5mm 的筛从拌合物中筛取砂浆并拌和均匀,将砂浆分别装入三只砂浆筒中经振捣使其密实,砂浆表面低于筒口约 10mm。

(2) 混凝土拌和完毕 2h 后,开始贯入度测试,在测试前 5min 再将砂浆筒一侧面升高 50mm 使其倾斜,吸取表面泌水。

(3) 测试时,砂浆筒置于测试平台上,记下砂浆与筒合重并作为基数,将测针端部与砂浆表面接触,按动手柄,徐徐加压 10s,使测针贯入砂浆深度 25mm 时,读记表盘压力(F),每只砂筒每次测 1～2 个点,此后每隔 1h 测一次,测点距离应大于 20mm。

(4) 在邻近初凝及终凝时,应适当缩短测试时间并加密测点。如此反复进行,直至贯入阻力大于 28MPa。测试过程中需根据砂浆的凝固情况,更换测针。

25. 砂浆搅拌机操作规程

（1）启动前首先检查旋转部分与料筒是否有刮碰现象，如有刮碰现象应及时调整。

（2）清理料筒内的杂物。

（3）启动前应将筒体限位，方能启动。

（4）搅拌轴旋转方向应按筒体端面标记所示。

（5）装放的混合物必须清除金属及其他杂物。

（6）根据搅拌时间调整搅拌器的定时，注意必须在断电情况下调整。

（7）按动启动按钮，主轴便带动搅拌铲运转。

（8）达到调定时间后自动停车。

（9）卸料时应先停机，打开锁定销，搬动手柄使料筒旋转到一定位置，再使锁紧销定位旋转主轴，使拌合料排出筒外。

（10）拌合料排净后手动筒体复位，将搅拌筒用锁定销定位。

（11）清洗筒可将水倒入筒内使主轴旋转进行冲洗，也可用干砂清洗。

26. 强制式单卧轴混凝土搅拌机操作规程

（1）启动前首先检查旋转部分与料筒是否有刮碰现象，如有刮碰现象，应及时调整。

（2）减速箱应注入机油后方能使用。

（3）清理料筒内的杂物。

（4）启动前将筒体限位装置锁紧，然后再启动。

（5）启动后发现运转方向不符合要求时，应切断电源，将导线的任意两根相线互换位置再重新启动。

（6）将混凝土拌合料装入料筒内，合上筒盖。

（7）根据搅拌时间调整时间继电器的定时，注意在断电情况下调整。

（8）按动启动按钮，主轴便带动搅拌铲运转。

（9）到达调定时间后自动停车。

（10）卸料时先停机，然后将料筒体限置手柄松开，料筒旋转到便于出料的位置停止转动，然后启动机器使主轴运转方可排出物料，直至将料排净停止主轴运转，旋转手柄使料筒复位。

（11）清洗料筒，将水倒入料筒内使主轴运转，将料筒和铲片清洗干净；也可用砂子清洗。

（12）关闭仪器，切断电源。

27. 混凝土含气量测定仪操作规程

（1）擦净量钵与钵盖内表面，并使其水平放置。将新拌混凝土拌合物均匀适量地装入量钵内，用振动台振实，振捣时间 15～30s 为宜。也可用人工捣实，将拌合物分三层装料，每层插捣 25 次，插捣上层时捣棒应插入下层 10～20mm。

（2）刮去表面多余的混凝土拌合物，用镘刀抹平，并使其表面光滑无气泡。

（3）擦净钵体和钵盖边缘，将密封圈放于钵体边缘的凹槽内，盖上钵盖，用夹子夹紧，使之气密良好。

（4）打开进水旋塞和排气阀，用吸水球从进水旋塞处往量钵中注水，直至水从排气阀出口流出，再关紧进水旋塞和排水气阀。

（5）关好所有的阀门，用手泵打气加压，使表压稍大于 0.1MPa。

（6）放松调整气阀 1～2 次，待表压指针稳定后，测得压力表读数。并根据仪器标定的含气量与压力表读数关系曲线，得到所测混凝土样品的含气量。

28. 砂浆搅拌机操作规程

（1）启动前首先检查旋转部分与料筒是否有刮碰现象，如有刮碰现象，应及时调整。

（2）清理料筒内的杂物。

（3）启动前应将筒体限位，方能启动。

（4）搅拌轴旋转方向应按筒体端面标记所示。

（5）装放的混合物必须清除金属及其他杂物。

（6）根据搅拌时间调整搅拌器的定时，注意必须在断电情况下调整。

（7）按动启动按钮，主轴便带动搅拌铲运转。

（8）达到调定时间后自动停车。

（9）卸料时应先停机，打开锁定销，搬动手柄使料筒旋转到一定位置，再使锁紧销定位旋转主轴，使拌合料排出筒外。

（10）拌合料排净后手动筒体复位，将搅拌筒用锁定销定位。

（11）清洗筒可将水倒入筒内使主轴旋转进行冲洗，也可用干砂清洗。

29. 水泥混凝土振动台操作规程

（1）振动台安装前，应先打好地基，上平面按水平找平，底架埋好固定螺栓，安装时固定螺栓必须拧紧。

(2)振动台应有可靠接地线,确保安全。
(3)振动台安装完毕后开车 3～5min,停车对所有紧固螺栓进行检查,若松动须拧紧后方可正常使用。
(4)试验前先检查各部件是否正常。
(5)使用中振动台不得超载,混凝土制品须紧固在台面上,放置要与台面相对称,使负荷平衡。
(6)按规定时间振动,振动中防止试模脱落。
(7)振动器轴承应经常检查,并定期拆洗、更换润滑油。

30. 养护室自动控制仪操作规程

(1)检查接地正确、电源电压正常之后,接通仪表电源,仪表上电复位,进入工作状态,开始对温湿度进行测量、显示的控制。
(2)仪器按照控制温度为 20±2℃、湿度为 95％设定好工作程序。

注意事项:
(1)本机使用电源为交流 380V,如果电源电压不稳定,需安装漏电保护器。
(2)检查自来水供给是否充足,如出现无水情况应及时关闭加湿开关,以免烧坏加湿电机。
(3)检查喷雾头是否出现堵塞现象。
(4)检查制冷机工作状态是否正常。
(5)使用完毕,要及时切断电源,清理仪器,保持仪器清洁。

31. 自动岩石锯石机操作规程

(1)开机前应检查整机各部分转动是否灵活,各紧固件是否松动;按下主轴电机按钮,检查刀片转向是否与箭头方向一致,若反向立即调整。
(2)岩样装夹时,应可靠夹持,防止虚夹和假夹。以免切削过程中岩石窜动损坏刀具及岩样。
(3)夹持不规则岩样时,用顶压法夹持,先将岩样平放在工作台上,然后将顶压移动夹具沿 T 形槽插进,上下移动顶杆螺栓,选择可靠的夹持点,然后将顶杆移动螺母锁紧,使顶杆位置固定。接着再旋转顶杆,使移动夹具的尾翼与工作台平面形成死角,顶杆即可将岩样顶住,同时拧紧顶杆螺帽,防止顶杆在切削过程中松动。
(4)切割比较规则岩石岩样,如岩石数量较多,可用随机所附的长压板压上数块岩样,进行切削:将岩样平放在工作台上,把长压板的一端插进工作台垂直面的方孔中,旋转调节螺钉,压住长压板的这一端(如岩样太小,可在岩样上加一小木块,使长压板能够压到岩样)。然后将压板螺栓沿T形槽插进,旋转螺母,压住长压板的另一端,即可将岩样压住。夹持切断成形的长方体和正方体岩样时,也应用压板法。

(5)开始切削时,由于岩石多呈不规则形状,此时进刀速度要慢,待刀片刃都进入岩样后,方可稍快一点。

(6)该机自动进退刀,当切刀沿工作台运动到终端时,可自动后退到起端,并自动停止移动。如在工作过程中需要后退,按控制台后退按钮,就可退刀。

(7)JZT控制器的转速表为工进调速电机的传速指示,在工进过程中转动调速旋钮,可以控制进刀速度的快慢,切割较硬石头时,转速一般为300r/min左右。

(8)工作完毕,清洗工作台表面上的残渣,擦净刀片与工作台上的水渍,加注进刀拖板与导轨的润滑油。

32. 双端面磨平机操作规程

(1)开机前应检查设备接地情况、润滑状态、转动是否正常、冷却水流量是否充足。摆杆箱应加足机油。

(2)夹持好样块,注意两边对称,紧贴夹具。

(3)将两磨头退出,使工作台运动时样块撞不着磨轮为止。

(4)装上防护罩,开启水源开关。

(5)按动总电源按钮,分别按动磨头按钮使磨头按箭头方向转动,否则将总电源调相,绝对不允许反转。

(6)按动工作台按钮,手动进给磨头,使之磨削,需自动时将手柄扳至自动位置即可,两磨头分别进行,磨好后将手柄扳至手动位置,再往复磨几次,确保标样的光洁度。

(7)磨好后退出磨头。

33. 电子分析天平操作规程

(1)使用前检查天平是否水平,调整水平。

(2)称量前接通电源预热60min。

(3)校准。经过预热的天平,在每次使用之前,都应进行校准。

(4)称量。按下显示屏的开关键,待显示稳定的零点后,将物品放到秤盘上,关上防风门。显示稳定后即可读取称量值。操作相应的按键可以实现"去皮"等称量功能。

(5)清洁。污染时用含少量中性洗涤剂的柔软布擦拭,勿用有机溶剂和化纤布。

（6）对于较长时间不使用的电子天平，应每隔一段时间通电一次，以保持电子元器件干燥，特别是温度高时应经常通电。

34. 沥青软化点测定仪试验操作规程

（1）将黄铜环置于涂有隔离剂的玻璃板上。

（2）将沥青加热融化后，徐徐注入试环内至略高出环面为止。

（3）试样在室温中冷却30min后，用热刮刀刮除环面上的试样，使与环面齐平。

（4）将铜环放置在中层孔板的相应圆孔上，并套上钢球定位环，插入温度计。

（5）将环架置于一定温度的水或甘油中至少15min（水温为5℃±0.5℃，甘油为32℃±1℃，软化点在80℃以下用水，大于80℃用甘油）。

（6）取出环架，把钢球置于铜环上，后将环架放入烧杯。烧杯内注入新煮沸并冷却至5℃的蒸馏水，水面应略低于试杆上的深度标记。

（7）开动搅拌器，使水微微振荡，并开始加热，使杯中的水在3min内调节至维持每分钟上升5℃±0.5℃。在加热过程中，应记录每分钟上升的温度值，如温度上升速度超出此范围，则试验应重做。

（8）试样受热软化逐渐下坠，与下层底板表面接触时，立即读取温度，准确至0.5℃。

35. 沥青延度仪试验操作规程

（1）接通电源。

注意：接线要牢靠，同时，整机外壳应有良好的接"地"保护。

（2）检查各开关是否都置在"关"或"停"的位置。否则应拨正。

（3）打开总电源开关，总电源指示灯亮。

（4）加热：把开关置在ON方向，调节温控仪的指示到所需温度，即开始加热。

注意：水槽里无水时不得加温和制冷。

（5）制冷：把开关置在ON方向，调节温控仪的指示到所需温度，机器开始工作，起到自动控制的作用。

（6）水搅拌：把开关置于延伸位置，电机即通电，调节调速器控制旋钮，即改变拉伸速度。

（7）仪器使用完毕，首先关闭所有功能开关，然后关闭总电源开关。

36. 沥青针入度仪试验操作规程

（1）将已经过加热、脱水、过滤好的沥青试样注入盛样器皿内。试样高度应超过预计针入度值10mm，并盖上盛样皿，防止落入灰尘。试样在15～30℃室温中冷却后移入规定试验温度的恒温水槽中。

（2）将冷却、保温后的试样放入平底保温皿中（水温25℃，水面高于试样10mm以上）。

（3）调整针杆高度，使针尖与试样表面恰好接触。

（4）按"试验"键，位移传感器自动清零，针与连杆立即自动释放，并自动穿入试样中。计时时间一到，则自动锁定并显示此时测试针插入沥青的深度值。

（5）用手将砝码往上推到检测位后，便可以进行下一次试验。

（6）同一试样平行试验至少3次，各测试点之间及与盛样皿边缘的距离不应少于10mm。

（7）试验结束后，先关掉电源再将针与连杆往上推复位，不能先复位再关掉电源。

37. 低温水浴操作规程

（1）检查仪器接地是否安全。

（2）接通仪器的电源，将温度仪的控制温度选择在所需的温度值上，启动功能开关，仪器进入工作状态。

（3）当温度上升或下降至控温仪所控制的温度时，仪器自动恒温，并使水箱内温度稳定在该温度上，此时记下时间。

（4）试验结束后，旋动水箱底部水嘴，将箱内的水放净，擦净仪器表面水分，将仪器置于通风干燥处。

注意：

（1）仪器使用前必须牢固接地，注意安全。

（2）每次使用时必须适量加入清洁水，无水不能开启仪器。

（3）每次使用时必须检查水泵供水是否畅通，如有管道堵塞时，应及时排除，水泵内如有空气而排不出水时，可反复开启水泵开关，将泵内空气排出。

（4）仪器搬运过程中，严禁倾斜超过45°。

（5）仪器使用结束后，将水排放干净，并擦干。

38. 自动沥青混合料拌合机操作规程

（1）准备工作：当接通电源后，各部即进入准备状态，首先根据规程或工作需要预置拌和时间和加热工作温度。

（2）填料：按下操作面板右侧的"上升"按钮，则搅拌头自动升到最高位置，这时将事先预热好的混合料倒入锅中。

（3）拌和：按下"下降"按钮，则搅拌器自动降到最低位置。伸入锅内，按下面板中部的"启动"按钮,则搅拌桨开始搅拌,当搅拌到预置时间时自动停机,"清零"后可进行下一次搅拌。

(4)出料:按下"上升"按钮,搅拌头升至最高位置,通过手把松开锁紧螺母,打开定位器,用手将锅倒置90°,用掏料勺将混合料掏出,通过滑板落入模具内,然后根据需要制备试样。

(5)清洗:当混合料的拌和与试样制备完毕后,切断电源,对机器进行清洗。特别是加热锅、滑板及搅拌桨上,不得留有沥青残渣或污物。

39. 马歇尔电动击实仪操作规程

(1)每次击实前应对击实压头、试模内壁及试模底座涂刷机油。

(2)打开安全门,提起导轨滑杆及重锤,用安全操纵杆将击实压头锁住,将加好试料的试模筒推进定位销中。

(3)按规范要求将拌和好的沥青混合料放入试模内,将试模推入钢板平台的试模定位销内,锁紧试模。

(4)提起导轨及重锤。打开安全操纵杆,放下击实头,关上安全门,按下"运行"按钮击实开始,击实次数到时自动停止工作。

(5)将试模取出,换向后定位,再按"启动"键,进行另一面击实,直至击实完毕。

(6)在工作中若发现异常情况,需要紧急停机,可按下"停止"键。

(7)试验完毕后,应对仪器进行清理保养,并切断电源。

40. 离心分离式抽提仪试验操作规程

(1)将温度下降至100℃以下时的沥青混合料,用大烧杯取1000～1500g,精确至0.1g。

(2)向装有试样的烧杯内注入三氯乙烯溶剂,将其浸没30min,用玻璃棒适当搅动,使沥青完全溶解。

注:也可直接在离心分离器中浸泡。

(3)称取洁净的圆环型滤纸质量,精确至0.01g。

(4)将混合料及溶液倒入离心分离器,用少量溶剂将烧杯及玻璃棒上的黏附物全部洗入分离容器中。

(5)将滤纸垫在分离器边缘上,加盖紧固,在分离器出口处放上回收瓶,上口应注意密封,防止流出液成雾状散失。

(6)开动离心机,转速逐渐增至3000r/min,沥青溶液通过排出口注入回收瓶,待流出停止后停机。

(7)从上盖的孔中加入新溶剂,数量大体相同,稍停 3～5min 后,重复上述操作,如此直至流出的抽提液成清澈的淡黄色。

(8)取下上盖,拿出圆环形滤纸,在通风处蒸发干燥后放入 105℃±0.5℃的烘箱中干燥,称取重量。

(9)关机,将试样取出,参照试验规程测试沥青含量,将仪器擦干净。

41. 矿粉离心机操作规程

(1)打开仪器门盖,将装有溶液的离心管连同试管套、适配器一起用电子秤称重,重量误差不大于 2g,以确保平衡运行,然后小心放入转子。

(2)轻轻关上门盖,并检查门盖是否确已锁好(关上后轻轻用力掀门盖,门盖掀不开)。

(3)插上电源,按下电源开关。

(4)设置转子号、转速、时间,设置无误后,按"启动"键启动仪器运行。

(5)运行时间倒计时到"0"时,离心机将自动停止。

(6)当确认转子完全停转后,方可打开门盖,小心取出离心筒,完成整个分离过程。

(7)关闭电源开关,切断离心机电源。

42. 电动脱模器操作规程

(1)使用前应先检查立柱上下各螺母是否紧固。如有松动,应拧紧,并按所脱不同试模及规格,选用相应压板或垫块等进行脱模。

(2)接通电源,试验升降按钮动作应与丝杠升降相一致。如不一致,应立即调整电机三相电源接线相位,检查限位开关运作是否正常。

(3)保证试模筒定位准确。因各种仪器所用的试模筒结构不一,因此,对不同试模筒应采用不同的定位方法。

(4)将试模连同试件一并置于脱模丝杠顶端或垫块上,用手扶持对正。然后缓慢上升丝杠,使试模筒上端对正顶梁(或压板)上的凹槽并靠紧,确保试模筒定位准确、不偏斜。随即停止丝杠上升。再将支承板上移托住试模筒底。拧紧两侧紧定螺钉,即可进行脱模。

(5)脱模中如发现有阻力极大、皮带打滑或其他异样情况,试件难以从试模中脱出时,应立即停机,并使丝杆下降,仔细检查原因,进行调整,排除故障后再进行操作。

(6)顶梁位置如需变动,调节后,顶梁与基座上下平面之间两侧立柱的高度必须一致,即使顶梁仍保持水平,否则将造成脱模困难甚至损坏机具。

(7)仪器应水平安置稳固,地面应平坦,电机应有接地安全防护装置。

(8)经常保持仪器的整洁,每次使用后须擦拭干净,尤其要注意丝杆的清洁和防锈。每工作 12h 应向丝杆滴注适量润滑油,以保证丝杆在工作中的正常润滑。

43. 电子静水力学天平操作规程

(1)将天平置于稳定、平整的工作台上,应避免天平振动、强气流及电磁干扰。

(2)使用前将天平通电预热半小时。

(3)将吊篮挂在天平的吊钩上,浸入溢流水槽中,向溢流水槽中注水,水面高度至水槽溢流孔为止,将天平调零。

(4)将试样移入吊篮中,溢流水槽中的水面高度由水槽的溢流孔控制,维持不变。称取试样的水中质量。

(5)提起吊篮取出试样,称取试样各种状态的质量。

(6)去皮操作:被称物如需放在容器中进行称量,去皮是把容器的重量从称盘的总重量中除去;置空容器于秤盘上,待显示稳定后按一下去皮/校准件回零,即已去皮;被称物加入容器后,显示的是实物的净重。

第 4 节　仪器管理

一、设备购置

(1)购置仪器设备时,由项目试验室主任提出填写《仪器设备购置申报表》,写明购置理由及产品的质量、技术性能、指标的要求,报公司中心试验室审核,公司总工批准。

(2)技术负责人负责市场调查,取得对产品性能、价格的对比资料,确定技术指标、运输、安装、调试、验收标准及付款方式等项要求。

二、设备验收

由项目试验室组织有关人员对仪器设备进行验收,设备员填写《仪器设备技术档案(验收记录)》。

(1)文件资料验证:合格证、说明书、保修卡、有关技术资料应齐全有效。

(2)实物验证:包装是否完好,仪器设备有无损坏,规格、型号、外观质量是否符合要求,随机附件是否齐全。

（3）调试验证:安装质量是否符合要求,仪器设备运转是否正常,技术性能、指标是否达到规定要求。

三、设备建档管理

（1）仪器设备验收后,由计量员统一对项目试验室所有仪器设备进行登记,建立《试验检测仪器设备台账》。

（2）计量员建立健全的仪器设备的技术管理档案,内容包括:

①仪器设备的购置申请表(采购计划),仪器设备的验收报告表。

②仪器设备的技术性资料(说明书、合格证、维修卡、检定校准证书和装箱清单)。

③仪器设备在校准和测试后应对校准、测试的结果进行确认,并填写确认单。

④仪器设备保养、维修记录。

⑤移交、变更情况。

⑥将每台仪器设备的（上述①～⑤）资料归档,并填写仪器设备技术档案,做到一机一档统一管理。

四、仪器设备的使用

（1）设备在投入使用前,应进行检定（校准）,计量员负责及时更新所得的修正因子并填写《仪器设备技术档案(周期校验检定记录)》。

（2）设备应由经过授权的检测人员操作。操作者应经过培训,详细了解设备最新版本的使用说明书、技术资料内容,熟练掌握设备的性能和操作程序后,方可上机操作,并按规定要求填写《仪器设备使用记录》。

（3）对容易引起误操作及重要的操作过程,由各技术负责人编制操作规程。

（4）检测人员在使用设备前后,应对该设备进行核查或校准,包括对运行情况的记录和现行状态的检查,保证设备及其软件应达到要求的准确度,并符合规范标准的要求。

（5）操作过程中如发生过载、误用、故障或对设备性能有怀疑时,应立即停止使用,报计量员标识处置,防止误用。

（6）对于使用频率高、漂移性较大的设备,应在两次检定（校准）期间内进行期间核查,确保其工作状态符合要求。试验检测组按计划实施,并记录其过程结果,填写《仪器设备期间核查记录表》。

（7）设备的日常保养由指定操作人员负责进行，按使用说明书和管理要求实施维护保养及功能性检查，并填写《仪器设备技术档案（保养、维修记录）》。

（8）对于不能修复或已失去使用价值的设备，由计量员向公司提交《仪器设备报废申请表》，经公司负责人审核后，按公司固定资产管理办法办理相关手续。

五、设备标识管理

（1）计量员负责仪器设备标识的粘贴和更换，并建账管理，标明设备编号、检定日期、有效期等，标识应粘贴于仪器设备显著位置处。

（2）标识的分类：
① 合格证（绿色）：计量检定合格者。
② 准用证（黄色）：测试设备某一量程精度不合格或某些功能已丧失，但试验检测某项工作所用量程合格者或所用某项功能正常。
③ 停用证（红色）：试验检测仪器设备经计量检定不合格者、设备损坏者、设备性能无法确定者、设备超过检定周期者。

六、仪器、设备出入库和现场检测设备的管理

（1）设备的出入库必须由设备负责人填写《仪器设备出入库记录表》，并经试验室负责人同意后方可发放设备。

（2）设备出库时，设备负责人和设备领用人必须对其外观、质量、规格型号、数量进行确认，领用人核实无误签字确认。

（3）设备归还时，设备负责人必须对其外观、质量、规格型号、数量进行确认，确认正常时办理入库手续。

（4）现场试验检测设备应经检查确认正常使用时，方能进行现场试验检测活动。

第5节　试验检测频率

一、常用材料试验项目、取样方法、取样频率、取样数量

常用材料试验项目、取样方法、取样频率、取样数量见表2-2。

表 2-2

常用材料试验项目、取样方法、取样频率、取样数量

材料名称	试验项目		取样方法	取样频率	取样数量	试验方法
	必试项目	必要时试验项目				
水泥	标准稠度、安定性、凝结时间、胶砂强度、细度（比表面积）	胶砂流动度	从20个以上不同部位取等量样品，试验时按四分法提取	同厂别、同品种、同强度等级每200t（散装500t）为一取样单位	不少于12kg	JTG E30—2005 GB/T 1346—2011 GB/T 17671—1999 GB/T 1345—2005 GB/T 8074—2008
砂	筛分、表观密度、堆积密度、含泥量、泥块含量	有机质含量、云母含量、轻物质含量、碱集料反应	取样部位应均匀分布，先铲除表层，从8个不同部位取等量样品试验时按四分法提取	同料厂、同品种、同规格，连续进料400m³或600t为一批，不足400m³或600t也算一批	不少于30kg	JTG E42—2005 GB/T 14684—2011
碎石	水泥混凝土用碎石	筛分、表观密度、堆积密度、含泥量、针片状含量、压碎值	硫化物含量、碱集料反应、坚固性	取样部位应均匀分布，先铲除表层，按上、中、下部取样点，从5个不同部位取等量样品共15份取等量样品	同料厂、同品种、同规格，连续进料400m³或600t为一批，不足400m³或600t也算一批	不少于60kg	JTG E42—2005 GB/T 14685—2011
	沥青混凝土用碎石	筛分、表观密度、堆积密度、颗粒含量、针片状含量、压碎值、与沥青的黏附性	磨光值、洛杉矶磨耗值、高温压碎值	取样部位应均匀分布，先铲除表层，按上、中、下部取样点，从5个不同部位取等量样品共15份取等量样品	使用前两个测两个样品，以后每2000m³测两个样品，材料种类变化，重测两个样品	不少于60kg	JTG E42—2005
钢筋	原材料	拉伸试验（屈服强度、抗拉强度、伸长率）、弯曲试验、重量偏差	焊接性能	任选两根切取，去掉头上50cm切取	同牌号、同一炉号、同一规格每60t为一批，超过60t部分，每增加40t增加一拉伸试验试样和一个弯曲试验试样	拉伸、弯曲各2根，重量偏差5根	GB 1499.2—2007 GB 1499.1—2008 GB T228.1—2010 GB T232—2010

续上表

材料名称		试验项目		取样方法	取样频率	取样数量	试验方法
		必试项目	必要时试验项目				
钢筋	电弧焊	极限拉力		从焊接件上截取	同一焊工,相同材料,相同焊接参数每300个接头为一批	拉力3根	JGJ/T 27—2014
	对焊	极限拉力、冷弯		从焊接件上截取	同一焊工,相同材料,相同焊接参数每300个接头为一批	拉力、冷弯各3根	JGJ/T 27—2014
土		含水量、液塑限、标准击实、颗粒分析	承载比(CBR)	先清除表层,然后在取样坑全层取样,不能取某一层或几层	每5000m³测一个样品,发现土质变化应随时测	不少于30kg	JTG E40—2007
沥青		针入度、延度、软化点	沥青与粗集料黏附性、密度、闪点、燃点、含蜡量	按JTG E20—2011规定的取样方法取样	每100t为一个取样单位	不少于1.5kg	JTG E20—2011
石灰		有效钙镁含量、未消化残渣含量	细度	从不同部位等量取样,按四分法提取试样	每60t为一个取样单位,不足60t也算一批	不少于10kg	JTG E51—2009
矿粉		筛分、亲水系数、含水量	塑性指数	从不同部位等量取样,按四分法提取试样	每50t为一个取样单位,不足50t也算一批	不少于3kg	JTG E42—2005
石料			抗压强度	选取有代表性的试样		不少于6个试件	JTG E41—2005
钢绞线		最大负荷、最大力总伸长率	松弛率	从每批中任选3盘各截取一根试样	同牌号、同规格、同生产工艺,每60t为一批	3根	GB 228.1—2010 GB/T 5224—2003 GB/T 10120—2013

注：1. 以上资料均摘自有关规范、标准。
2. 如项目标书另有要求,应按标书执行。

二、施工过程中质量控制试验项目检测频率

施工过程中质量控制试验项目检测频率见表2-3。

施工过程中质量控制试验项目检测频率　　　　表2-3

检测项目			检测频率
路基工程	压实度		每车道每200m,测4个点
	弯沉值		每一双车道每1km,检查80～100点
桥涵工程	混凝土强度		(1)一般结构物,每单元制作2组; (2)连续浇筑大体积混凝土,每80～200m^3或每台班制作2组; (3)每片梁长16m以下制件1组,16～30m取2组,31～50m取3组,50m以上取5组; (4)每根钻孔桩至少应取2组;桩长20m以上不少于3组;桩径大,浇筑时间很长时,不少于4组; (5)就地浇筑小桥涵混凝土每台班每座制件2组
	坍落度		每台班至少2次
	砂石含水量		混凝土开盘前必检一次,天气变化应随时检测
	钢筋焊接件		(1)同钢筋级别和直径、同焊工、同焊接参数300个接头为一批,每批取3个试件; (2)闪光对焊取6个试件,机械连接500个为一批,每批取3个试件
	钻孔泥浆		每台班和清孔前必检一次,地质变化应随时检测
	孔道压浆强度		每台班制件不少于3组(尺寸为40mm×40mm×160mm的试件)
	砂浆强度		每台班制件不少于1组(每组六个试件)
	台背回填压实度		每50m^2检1点,不足50m^2时也检1点
路面工程	基层、底基层	水泥石灰剂量	每2000m^2测一次,至少6个样品,每台班至少做一次
		含水量	每次碾压前测一次,异常随时试验
		压实度	每作业段或不超过2000m^2检查6点以上
		抗压强度	每2000m^2细粒土6个试件,中粒土9个试件,粗粒土13个试件
		弯沉值	每评定段(不超过1km)每车道40～50个测点
		平整度	3m直尺每200m测2处,连续10尺
		塑性指数	每1000m^2检测一次,异常时随时试验
	水泥混凝土路面	抗弯拉强度	每工作班制作2～4组,日进度大于等于1000m取4组,大于等于500m取3组,小于500m取2组
		坍落度	每台班至少2次
		平整度	用平整度仪,全线每车道连续检测每100m计算IRI

续上表

检测项目			检测频率
沥青路面	测温	出厂	每车不少于 1 次
		摊铺	每 100m 不少于 1 次
		碾压	随时检测
	矿料筛分		每日每台拌合机 1～2 次,以 2 个试样的平均值评定
	油石比		每日每台拌合机 1～2 次,以 2 个试样的平均值评定
	马歇尔试验		每日每台拌合机 1～2 次,以 4～6 个试件的平均值评定
	压实度		每 2000m² 检测 1 次,1 次不少于钻一个孔
	平整度	标准差	平整度仪全线连续检测
		最大间隙	3m 直尺每 1km 10 处各连续 10 尺
	弯沉	贝克曼梁	每一双车道(不超过 1km)检查 80～100 个点

注:1. 以上资料均摘自有关规范、标准。

2. 如项目标书另有要求,应按标书执行。

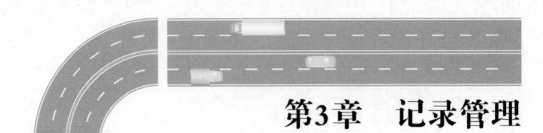

第3章 记录管理

第1节 试验报告编号及委托方法

一、试验委托方法

材料进场后,由材料部门填写试验委托单给试验室,试验室收到委托单后派试验员去现场按规定取样,由试验室检测人员进行检测。委托单形式见表3-1。

材料试验委托单　　　　　　表 3-1

工程名称:	材料名称:
所用工程部位:	代表数量:
材料产地:	材料规格型号:
委托时间:	试验结果反馈时间:
备注:	
委托人:　　　　接收人:　　　　日期:	
试验检测结果反馈联	
检测结论: 技术负责人签字:　　　　　　　　日期:	

二、试验编号方法

试验编号具有唯一性,以下格式仅供参考。编号:×××-×××-××× 即年号-类别号-顺序号(四位数)。

1. 材料试验编号

材料试验编号见表 3-2。

材料试验编号　　　　　　　表 3-2

试验报告名称	试验编号
土的比重试验报告	2010-TBZ-0001
土的颗粒分析试验报告	2010-TKF-0001
击实试验报告	2010-JS-0001
液塑限试验报告	2010-YSX-0001
细集料试验报告	2010-XJL-0001
矿粉亲水系数试验报告	2010-QSXS-0001
粗集料试验报告	2010-CJL-0001
水泥试验报告	2010-SN-0001
石灰试验报告	2010-SH-0001
沥青试验报告	2010-LQ-0001
钢筋试验报告	2010-GYC-0001
钢筋焊接试验报告	2010-GHJ-0001
外加剂试验报告	2010-WJJ-0001
沥青混合料试验报告	2010-LQH-0001
无侧限强度试验报告	2010-WCX-0001
灰剂量试验报告	2010-HJL-0001
灰剂量标准曲线报告	2010-BQ-0001
混凝土抗压强度试验报告	2010-HKY-0001
混凝土抗弯拉强度试验报告	2010-HKZ-0001
砂浆强度试验报告	2010-SJQ-0001
混凝土配合比试验报告	2010-HPB-0001
砂浆配合比试验报告	2010-SPB-0001

2. 路基路面检测及结构检测实例

路基路面检测及结构检测实例见表3-3。

路基路面检测及结构检测实例　　　　　表3-3

试验报告名称	试验编号
厚度试验报告	2010-HD-0001
压实度试验报告	2010-YSD-0001
平整度试验报告	2010-PZD-0001
弯沉试验报告	2010-WC-0001
摩擦系数试验报告	2010-MCXS-0001
构造深度试验报告	2010-GZ-0001
回弹强度试验报告	2010-HTQD-0001
碳化深度试验报告	2010-THSD-0001
混凝土表观缺陷试验报告	2010-BGQX-0001
标准砂密度试验报告	2010-BSMD-0001

三、资料分类管理

试验室对原材料、标准试验、现场检测资料进行分档保存,每种试验按分类号单独归档,档案盒的标签要统一格式。

(1)原材料分为:水泥、土、钢筋、钢绞线、钢筋焊接、集料、石灰、沥青、土工合成材料、外加剂等。

(2)标准试验分为:沥青混合料配合比报告、混凝土配合比报告、砂浆配合比报告、无机结合料配合比报告、标准击实试验等。

(3)现场检测试验分为:压实度、平整度、厚度、弯沉、灰剂量、摩擦系数、构造深度、回弹强度、碳化深度。

第2节　试验台账样表

一、试验检测台账目录

试验检测台账目录见表3-4。

试验检测台账目录 表3-4

序号	名　　称	编　　号	备　　注
一	原材料进场台账		
1	水泥进场台账	2014-SN-0001	进场当天登记
2	钢筋原材料进场台账	2014-GJ-0001	进场当天登记
3	（　）集料进场台账	2014-X（C）JL-0001	进场当天登记
4	沥青进场台账	2014-LQ-0001	进场当天登记
5	石灰进场台账	2014-SH-0001	进场当天登记
二	原材料试验台账		
1	水泥报告台账	2014-SNBG-0001	检测当天登记
2	土工报告台账	2014-TGBG-0001	检测当天登记
3	石灰报告台账	2014-SHBG-0001	检测当天登记
4	细集料报告台账	2014-XJLBG-0001	检测当天登记
5	（矿粉）填料试验台账	2014-KF-0001	检测当天登记
6	粗集料报告台账	2014-CJLBG-0001	检测当天登记
7	钢筋报告台账	2014-GJBG-0001	检测当天登记
8	沥青报告台账	2014-LQBG-0001	检测当天登记
9	钢筋焊接试验台账	2014-GJHJ-0001	检测当天登记
三	标准试验台账		
1	标准击实试验台账	2014-BZJS-0001	试验后随时登记
2	集料级配试验台账	2014-JLJP-0001	试验后随时登记
3	混凝土砂浆配合比设计台账	2014-HNSJP-0001	试验后随时登记
4	沥青混合料配合比设计台账	2014-LQP-0001	试验后随时登记
四	试验检测台账		
1	混凝土抗压强度台账	2014-HNTQD-0001	试验后随时登记
2	砂浆报告台账	2014-SJBG-0001	试验后随时登记
3	路基压实度检测台账	2014-YSD-0001	施工时每天汇总
4	基层(底基层)压实度检测台账	2014-JCYSD-0001	施工时每天汇总
5	基层(底基层)强度检测台账	2014-JCQD-0001	每一结构层完工后进行汇总
6	基层(底基层)灰剂量检测台账	2014-JCHJL-0001	每一结构层完工后进行汇总
7	沥青混合料检验结果台账	2014-LQHHL-0001	施工时每天汇总
8	沥青路面压实度台账	2014-LQYSD-0001	试验后随时统计
9	地基承载力试验台账	2014-DJ-0001	试验后随时登记
10	水泥混凝土回弹强度检测台账	2014-HT-0001	试验后随时登记
11	混凝土浇筑试验台账	2014-HNTJZ-0001	施工时随时登记
12	砂浆取样台账	2014-SJQY-0001	施工时随时登记

二、试验检测台账样表

（1）水泥进场台账样表见表 3-5。

水 泥 进 场 台 账

表 3-5

序号	规格型号	产地	出厂编号	进场时间	取样时间	进场数量（t）	累计进场数量（t）	用途	取样人	备注

(2) 钢筋原材料进场台账样表见表 3-6。

钢筋原材料进场台账

表 3-6

序号	规格型号	产地	炉批号	进场时间	取样时间	进场数量(t)	用途	取样人	备注

(3）集料进场台账

集料进场台账样表见表 3-7。

（ ）集料进场台账

表 3-7

序号	产地	进场时间	取样时间	进场数量(t)	累计进场数量(t)	用途	取样人	备注

(4) 沥青进场台账样表见表 3-8。

( ) 沥青进场台账

表 3-8

序号	产地	车牌号	出厂编号	进场时间	取样时间	进场数量(t)	累计进场数量(t)	用途	取样人	备注

(5) 石灰进场台账样表见表3-9。

石 灰 进 场 台 账

表 3-9

序号	规格型号	产地	出厂编号	进场时间	取样时间	进场数量(t)	累计进场数量(t)	用途	取样人	备注

(6) 水泥报告台账样表见表 3-10。

水泥报告台账

表 3-10

序号	样品名称及规格	生产厂家	出厂编号	试验编号	试验日期	标准稠度(%)	初凝时间(min)	终凝时间(min)	安定性	试验结果					备注
										细度(%)	3d抗弯拉强度(MPa)	3d抗压强度(MPa)	28d抗弯拉强度(MPa)	28d抗压强度(MPa)	

(7) 土工报告台账样表见表 3-11。

土工报告台账

表 3-11

序号	样品名称	土样来源	试验编号	试验日期	试验结果						
					液限 (%)	塑限 (%)	塑性指数 (%)	颗粒分析	最大干密度 (g/cm³)	最佳含水量 (%)	CBR (%)	弹性模量

(8) 石灰报告台账样表见表3-12。

石灰报告台账

表 3-12

序号	样品名称	试验编号	试验日期	试验结果			备注
				有效氧化钙含量	有效氧化镁含量	有效氧化钙、氧化镁含量	

(9)细集料报告台账样表见表 3-13。

细集料报告台账

表 3-13

序号	使用部位	代表数量(t)	试验编号	试验日期	细度模数	表观相对密度	堆积密度	试验结果					备注
								砂当量(%)	含泥量(%)	泥块含量(%)	含水量(%)	吸水率(%)	

(10)（矿粉）填料试验台账样表见表 3-14。

（矿粉）填料试验台账

表 3-14

序号	试验编号	材料产地	用途	代表数量(t)	取样日期	试验日期	试 验 项 目					备注
							筛分	密度 (g/cm³)	含水量 (%)	亲水系数	塑性指数	

(11) 粗集料报告台账样表见表 3-15。

粗集料报告台账

表 3-15

序号	样品名称	使用部位	代表数量(t)	试验编号	试验日期	试验结果							
						表观相对密度	堆积密度	压碎值(%)	针片状颗粒含量(%)	含泥量(%)	泥块含量(%)	级配	吸水率(%)

(12)钢筋报告台账样表见表3-16。

表3-16 钢筋报告台账

序号	规格及型号	厂家及材质单号	代表数量(t)	使用部位	试验编号	试验日期	试验结果				备注
							屈服强度(MPa)	抗拉强度(MPa)	伸长率(%)	弯曲度	

(13)沥青报告台账样表见表3-17。

沥青报告台账

表3-17

序号	样品名称及规格	生产厂家	出厂编号	试验编号	试验日期	试验结果				备注
						针入度（0.1mm）	延度（cm）	软化点（℃）	密度（g/cm³）	

(14) 钢筋焊接试验台账样表见表 3-18。

钢 筋 焊 接 试 验 台 账

表 3-18

序号	试验编号	试验日期	规格牌号	原材料产地	使用部位	焊接类型	极限强度（N/mm²）	断裂特征及位置（mm）	焊接人	弯曲试验	备注

(15)标准击实试验台账样表见表 3-19。

标准击实试验台账

表 3-19

序号	试验日期	材料种类	报告编号	取样地点	代表路段(工区)及层位	最大干密度	最佳含水量	备注

(16)集料级配试验台账样表见表3-20。

表3-20 集料级配试验台账

序号	试验日期	报告编号	取样地点	各档材料规格(D_{max})				用途	代表路段(工区)及层位	各档材料配合比(%)				备注
				1	2	3	4			1	2	3	4	

(17)混凝土、砂浆配合比设计台账样表见表3-21。

混凝土、砂浆配合比设计台账

表3-21

序号	试验日期	报告编号	设计强度(MPa)	用途(工程部位)	水泥品种及强度	试配强度(MPa)	设 计 结 果					备注
							水胶比	水泥用量(kg)	砂率(%)	坍落度(mm)	实际强度(MPa)	

(18)沥青混合料配合比设计台账样表见表3-22。

沥青混合料配合比设计台账

表 3-22

序号	报告日期	报告编号	混合料类型	层位	设计阶段	沥青品种及标号	油石比(%)	设计结果					备注
								稳定度(kN)	流值(0.1mm)	密度(g/cm³)	VV(%)	VMA(%)	VFA(%)	

(19) 混凝土抗压强度台账样表见表 3-23。

混凝土抗压强度台账

表 3-23

序号	试验编号	配合比编号	混凝土强度等级	工程部位	制件日期	试验日期	龄期(d)	破坏荷载(kN)				抗压强度(MPa)	折合强度(MPa)	达到设计强度(%)
								1	2	3	平均值			

(20)砂浆报告台账样表见表 3-24。

砂 浆 报 告 台 账

表 3-24

序号	设计强度等级	使用部位	试验编号	试验日期	试验结果				备注
					抗压强度(MPa)	稠度(mm)	分层度(mm)	表观密度(g/cm³)	

(21)路基压实度检测台账样表见表 3-25。

路基压实度检测台账

表 3-25

序号	试验编号	检测日期	施工桩号	层区	取样桩号	要求压实度	实测各点压实度									
							1	2	3	4	5	6	7	8	9	10

注：从最底层开始，每一填筑层进行统计汇总。台背回填单独汇总。

(22)基层(底基层)压实度检测台账样表见表 3-26。

表 3-26

基层(底基层)压实度检测台账

结构层名称:

序号	试验编号	检测日期	施工桩号及幅别	层位	取样桩号	要求压实度	实测各点压实度									
							1	2	3	4	5	6	7	8	9	10

(23)基层(底基层)强度检测台账样表见表3-27。

基层(底基层)强度检测台账

表3-27

结构层名称：　　　　　　　　　　　　　　设计强度：$R_d=$　　MPa

序号	试验编号	检测日期	施工桩号及幅别	层位	取样桩号	7d无侧限强度试验				
						N	$R_{平均}$	S	C_v	$R_代$

注：1. 基层、底基层应分别统计汇总。
2. $R_代=R_d/(1-Z_a \cdot C_v)$。

(24)基层(底基层)灰剂量检测台账样表见表 3-28。

基层(底基层)灰剂量检测台账

表 3-28

结构层名称：　　　　　　　　　　　设计剂量：　　　%　　　　　允许偏差：－1.0%

序号	试验编号	检测日期	施工桩号及幅别	层位	取样桩号	实测灰剂量								合格率(%)
						1	2	3	4	5	6	7	8	

(25)沥青混合料检验结果台账样表见表3-29。

沥青混合料检验结果台账

表3-29

日期	摊铺地点、桩号	层位(混合料类型)	最大理论密度(g/cm³)	报告编号	马歇尔试验					油石比(%)	抽提试验					报告编号
					稳定度(kN)	流值(0.1mm)	空隙率(%)	密度(g/cm³)	报告编号		下列筛孔与标准级配误差(%)				最大粒径	
											0.075mm	2.36mm	4.75mm	中间粒径		

注:施工时每日统计汇总,不同类型混合料应分别汇总。

(26)沥青面层压实度台账样表见表 3-30。

表 3-30

沥青面层层压实度台账

统计路段 K+( )—K+( )			层位	混合料类型		当天马歇尔密度 (g/cm³)	当天最大理论密度 (g/cm³)	试验路密度			代表压实度 (%)	g/cm³ 代表密度
序号	芯样编号	取芯地点	取芯日期	取芯记录编号	施工日期	报告编号	实测芯样密度 (g/cm³)			各标准密度马歇尔密度	各标准密度下压实度 (%)	最大理论密度	试验路密度	
		K+											
		K+											
		K+											
		K+											
		K+											
		K+											
		K+											
		K+											
		K+											
		K+											
		K+											

注:1. 代表压实度取以两种(或以上)标准密度所对应压实度的最小值。
 2. 本表应按整公里进行汇总。

(27) 地基承载力试验台账样表见表 3-31。

表 3-31 地基承载力试验台账

序号	检测部位	试验编号	试验日期	设计承载力	实测承载力结果	备注

(28)水泥混凝土回弹强度检测台账样表见表 3-32。

水泥混凝土回弹强度检测台账

表 3-32

序号	工程部位或桩号	构件名称	施工浇筑日期	检验日期	设计强度(MPa)	回弹强度(MPa)	记录人

(29)混凝土浇筑台账样表见表 3-33。

混凝土浇筑台账

表 3-33

序号	浇筑日期	浇筑部位	设计强度	起讫时间	坍落度(mm)	7d 到期时间	28d 到期时间	备注

(30)砂浆取样强度台账样表见表3-34。

砂浆取样台账

表3-34

序号	制作日期	取件部位	强度等级	稠度	取件组数	28d到期时间	备注

第3节　试验管理表格

一、试验管理表格目录

试验管理表格目录见表3-35。

试验管理表格目录　　　　表3-35

序号	名　称	表格编号	备　注
1	试验室试验检测人员一览表	2014-RR-0001	人员变化随时更新
2	试验检测仪器设备台账	2014-YQTZ-0001	设备变化或检定后随时更新
3	仪器设备购置申报表	2014-YQSG-0001	仪器购置前填报
4	仪器设备使用记录表	2014-YQSY-0001	使用后随时登记
5	仪器设备期间核查记录表	2014-QJHC-0001	期间核查时填写
6	仪器设备报废申报表	2014-YQBF-0001	仪器报废后填报
7	仪器设备技术档案	2014-YQDA-0001	一机一档填写
8	仪器设备出入库记录	2014-YQCR-0001	仪器出入库时填写
9	外委检测试验台账	2014-WW-0001	外委试验时随时登记
10	试验检测不合格台账	2014-BHG-0001	有不合格情况随时登记
11	标养室温、湿度记录	2014-BY-0001	温、湿度记录异常情况
12	药品配制记录	2014-YPPZ-0001	配制后登记
13	水泥砂浆、净浆试件入库台账	2014-SYRK-0001	砂浆、净浆试件养护情况登记
14	水泥混凝土试件入库台账	2014-SKRK-0001	水泥混凝土试件养护情况

二、试验管理表格样表

（1）试验室试验检测人员一览表见表 3-36。

表 3-36 试验室试验检测人员一览表

单位：

序号	姓名	岗位	身份证号	学历	所学专业	职称	试验工作年限	检测资格	检测专业	检测证书编号	备注

(2)试验检测仪器设备台账见表 3-37。

单位:

试验检测仪器设备台账

表 3-37

序号	统一编号	名称	型号规格	测量范围及准确度	制造厂名	出厂编号	出厂日期	管理目录		检定/校准单位	使用部门	最近检定/校准日期	仪器使用状态
								周期(月)	一般管理				

(3)仪器设备购置申报表见表 3-38。

仪器设备购置申报表 表 3-38

项目名称：		编号：	
设备名称		估价	
规格型号		数量	
购置原因及调研情况：			
产地		技术要求	
试验室主任签名		项目负责人签名	
公司负责人审核意见： 签字：　　　　　　　　　　　　　　　　　　　　　　　年　月　日			
公司主管领导审核意见： 签字：　　　　　　　　　　　　　　　　　　　　　　　年　月　日			

(4)仪器设备使用记录表见表3-39。

仪器设备使用记录表 表3-39

项目名称:					编号:	
仪器设备名称				仪器设备编号		
年			检测项目	仪器使用性能		使用人
月	日	使用时间		使用前	使用后	
		开始	停止			

(5)仪器设备期间核查记录表见表 3-40。

仪器设备期间核查记录表 表 3-40

项目名称:		编号:	
设备名称		型号规格	
设备编号		核查依据	
检查所用仪器设备		核查人员	
核查过程记录	记录人(设备员): 年 月 日		
期间核查结果	核查小组组长: 年 月 日		
审核人(技术负责人)意见: 签名: 年 月 日			

(6)仪器设备报废申报表见表 3-41。

仪器设备报废申报表　　　　　　表 3-41

项目名称:		编号:	
设备名称		设备编号	
规格型号		购置日期	
处理情况		金额(元)	
报废原因及技术状况: 项目试验室主任:　　　　　　　　　　　　　　　　　　　　年　月　日 项目负责人:　　　　　　　　　　　　　　　　　　　　　　年　月　日			
公司负责人审核意见: 签名:　　　　　　　　　　　　　　　　　　　　　　　　　年　月　日			
公司主管领导审批意见: 签名:　　　　　　　　　　　　　　　　　　　　　　　　　年　月　日			
备注: 			

(7)仪器设备技术档案封面见表3-42。

仪器设备技术档案封面　　　　　　　表3-42

仪器编号	
型　号	

仪器设备技术档案

名　　称：_____

使用单位：_____

建档日期：　　　年　月　日

(8)仪器设备登记表见表3-43。

仪器设备登记表　　　　　　　　　　　　表3-43

名称		编号	
型号		国别	
制造厂		出厂编号	
出厂日期		价格	
来源		调购日期	
新旧程度		起用日期	
规格精度			
附件及备品配件									
名称	数量	名称	数量	名称	数量	名称	数量

(9)验收记录见表3-44。

验 收 记 录　　　　　　　　表3-44

开箱情况	
外观检查	
初步检查(包括安装、调整或通电操作情况纪要)	
验收结果	
其他	

开箱日期	年　月　日	经办人	
验收日期	年　月　日	经办人	

(10)周期校验检定记录见表3-45。

周期校验检定记录　　　　　　　　表 3-45

检定(校验)日期	年　月　日	检定(校验)单位		检定(校验)人	
检定校验结果：					
检定(校验)日期	年　月　日	检定(校验)单位		检定(校验)人	
检定校验结果：					

(11) 保养、维修记录见表 3-46。

保养、维修记录 表 3-46

年月日	保养、维修人	保养维修情况或故障原因及排除经过	修后检定、校验记录

(12)移交、变更情况见表 3-47。

移交、变更情况 表 3-47

日　期	移交单位	接收单位	移交人(签字)	接收人(签字)

(13)仪器设备出入库记录见表3-48。

仪器设备出入库记录

表 3-48

序号	仪器设备名称	仪器设备编号	出库设备状态	出库时间	领用人	归还时间	归还状态	归还人	备注

(14)外委检测试验台账见表3-49。

表3-49 外委检测试验台账

序号	委托日期	委托单编号	样品名称	规格型号	样品质保单编号	检测内容	代表数量	检测机构名称	计量认证情况	检测结果	报告编号	登记人

(15)试验检测不合格台账样表见表 3-50。

试验检测不合格台账

表 3-50

序号	试验材料名称	不合格内容及数量	使用部位	生产厂家	试验编号	处理意见	上报日期	最终处理结果	复检试验编号	登记人

(16)标养室温湿度记录见表3-51。

标养室温湿度记录 表3-51

日期	时间	温度(℃)	湿度(%)	是否雾化		备注	记录人
				是	否		

(17)药品配置记录表见表3-52。

药品配置记录表　　　　　　　　表3-52

序号	配置日期	药品名称	配置数量	配置人	备注

(18)水泥砂浆、净浆试件出入库台账见表 3-53。

水泥砂浆、净浆试件出入库台账

表 3-53

序号	工程部位或桩号	试件尺寸(cm)	设计强度(MPa)	组数	制件日期	出库日期	记录人员	备注

（19）水泥混凝土试件出入库台账见表 3-54。

水泥混凝土试件出入库台账

表 3-54

序号	工程部位或桩号	试件类型	试件尺寸	设计强度(MPa)	组数	制件日期	出库日期	记录人员	备注

第 4 节　临时资质申报样板

临时资质申报样表为交通部 183 号文试验室管理办法空白表，供参考。
公路水运工程工地试验室设立授权书见表 3-55。

公路水运工程试验室设立授权书　　　　　　　　表 3-55

公路水运工程工地试验室设立授权书

编号：

　　因＿＿＿＿＿＿＿＿＿＿＿＿＿＿＿＿＿＿＿＿＿＿工程建设的需要，决定设立＿＿＿＿＿＿＿＿＿＿＿＿＿＿＿＿＿＿＿＿＿＿工地试验室，授权启用试验室公章：＿＿＿＿＿＿＿＿＿＿＿＿＿＿＿＿＿＿＿＿＿＿＿。授权＿＿＿＿＿＿同志为试验室负责人（检测工程师证书编号：＿＿＿＿＿＿＿），负责工地试验室的管理工作。

　　授权开展的试验检测项目××项及参数约××个，内容如下：＿＿＿＿＿＿
＿＿＿＿＿＿＿＿＿＿＿＿＿＿＿＿＿＿＿＿＿＿＿＿＿＿＿＿＿＿＿＿＿＿＿＿
＿＿＿＿＿＿＿＿＿＿＿＿＿＿＿＿＿＿＿＿＿＿＿＿＿＿＿＿＿＿＿＿＿＿＿＿
＿＿＿＿＿＿＿＿＿＿＿＿＿＿＿＿＿＿＿＿＿＿＿＿＿＿＿＿＿＿＿＿＿＿＿＿
＿＿＿＿＿＿＿＿＿＿＿＿＿＿＿＿＿＿＿＿＿＿＿＿＿＿＿＿＿＿＿＿＿＿＿。

　　授权有效期：＿＿＿＿年＿＿月＿＿日至＿＿＿＿＿＿＿＿。

　　授权机构等级专用标识章：

　　　　　　　　　　　　　　　　　　　检测机构：　　　　（章）

　　　　　　　　　　　　　　　　　　　授权人单位负责人签字：

　　　　　　　　　　　　　　　　　　　　　　　　年　月　日

公路水运工程工地试验室备案登记表封面见表3-56。

公路水运工程工地试验室备案登记表封面　　　　表3-56

公路水运工程工地试验室备案登记表

工　地　试　验　室：_____（章）

备　案　日　期：_____ 年 __ 月 __ 日

交通运输部基本建设质量监督总站制

公路水运工程工地试验室备案登记表填表须知见表3-57。

填 表 须 知　　　　　　　　　　　表3-57

填 表 须 知

一、本表统一采用 A4 尺寸纸张,内容必须打印,检测机构对填表内容的真实、可靠性负责。

二、本表可复印,填写的内容受表格限制时,可按本表格格式增加附页,但须连同正页编第　　页,共　　页。

三、"所属法人机构"指的是工地试验室母体检测机构,若母体检测机构不是独立法人,则填写其所属的法人机构。

一、工地试验室综合情况

工地试验室综合情况见表3-58。

工地试验室综合情况　　　　　　表 3-58

项目情况	工地试验室名称		工程投资	
	项目业主单位		联系人		电话	
	工地试验室设立单位		联系人		电话	
母体检测机构情况	母体检测机构及法人机构名称		等级及编号	
			计量认证编号	
	法人代表		联系方式	
	行政负责人		联系方式	
	技术负责人		联系方式	
	质量负责人		联系方式	
工地试验室情况	工地试验室详细地址		电话	
			传真	
			邮编	
			E-mail	
	持试验检测人员证书总人数		持试验检测工程师证书人数	
	相关专业高级职称人数		试验检测用房总面积(m^2)	
工地试验室授权业务范围				

二、工地试验室试验检测业务范围表

工地试验室试验检测业务范围表见表3-59。

工地试验室试验检测业务范围表

表 3-59
第 页 共 页

序号	试验检测项目及参数	采用的试验检测方法和标准（名称/编号）	所用主要仪器设备名称	设备编号	主要操作人员	备注

注：按照委托合同约定及检测机构授权范围填写。

三、工地试验室授权负责人简历

工地试验室授权负责人简历见表3-60。

工地试验室授权负责人简历　　　　表 3-60

姓名		性别		出生日期			照　片
学历		职称		从事试验检测工作年限			
试验检测师证书编号							
工作单位及职务							
本人主要试验检测工作经历和业绩							
					本人签名：		

四、工地试验室在岗人员一览表

工地试验室在岗人员一览表见表3-61。

工地试验室在岗人员一览表

表3-61

序号	姓名	性别	出生年月	学历和专业	职称	检测人员证书编号	从事试验检测年限

五、工地试验室试验检测仪器设备一览表

工地试验室试验检测仪器设备一览表见表3-62。

表3-62 工地试验室试验检测仪器设备一览表

设备编号	设备名称	型号规格	生产厂家	购置日期	单价（元）	量程或规格	准确度	检定/校准周期	检定/校准单位	最近检定/校准日期	保管人	备注

六、相关资料

（1）工地试验室设立授权书。
（2）工地试验室在岗人员学历、职称、检测证书复印件。
（3）工地试验室授权负责人的聘用证明（表 3-63）。
（4）如委托第三方检测机构组建工地试验室的，应提供委托合同书复印件。
（5）母体检测机构等级证书及计量证书复印件（如有）。

聘用证明　　　　　　　　　　　　　　　　　　　表 3-63

聘 用 证 明

兹聘请 ××× 同志任 ××× 项目工地试验室负责人。聘期自 ××××
年 ×× 月 ×× 日至 ×××× 年 ×× 月 ×× 日止。

聘用单位：　　　　　（公章）

年　月　日

七、备案审核意见

备案审核意见见表3-64。

备案审核意见　　　　　　　　表3-64

母体检测机构意见	（公章） 年　月　日
项目建设单位意见	（公章） 年　月　日
备案审核质监机构意见	（公章） 年　月　日
备注	

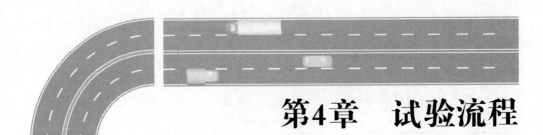

第4章 试验流程

第1节 试验管理流程

(1)项目试验人员管理流程图如图4-1所示。

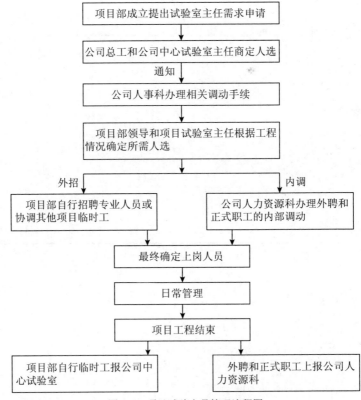

图4-1 项目试验人员管理流程图

(2)计量器具管理工作流程图如图 4-2 所示。

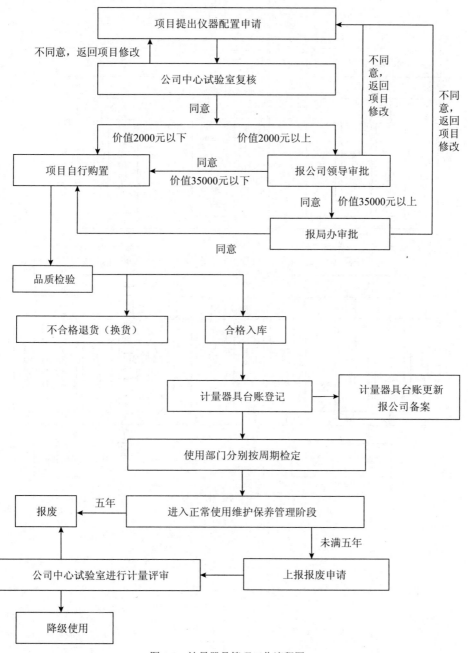

图 4-2 计量器具管理工作流程图

(3)试验工作流程图如图4-3所示。

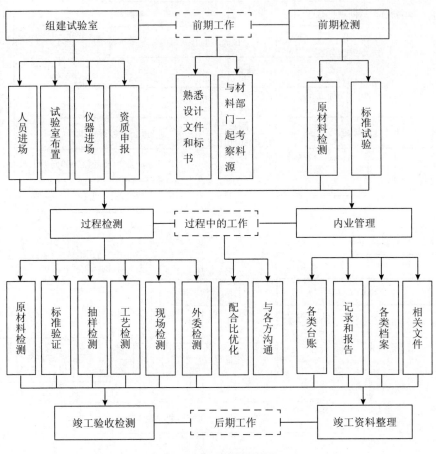

图4-3 试验工作流程图

（4）原材料检测、抽样检测流程图如图4-4所示。

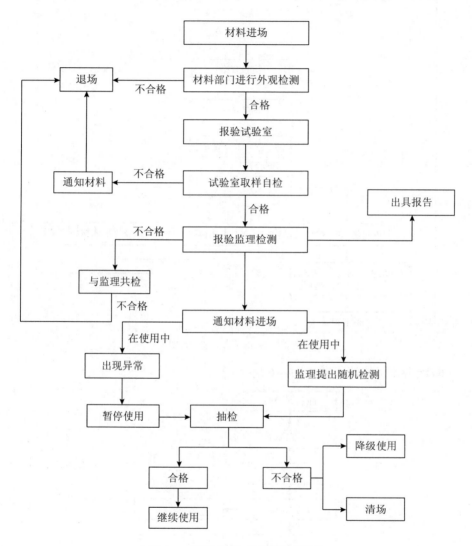

图4-4 原材料检测、抽样检测流程图

(5)标准试验验证流程图如图4-5所示。

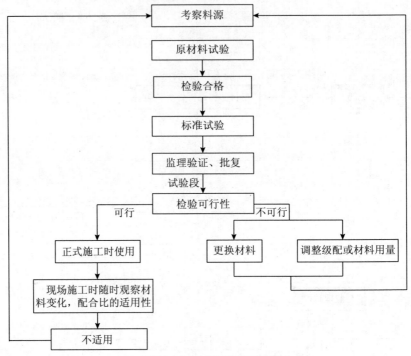

图4-5 标准试验验证流程图

(6)配合比优化流程图如图4-6所示。

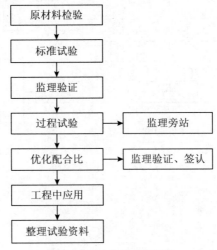

图4-6 配合比优化流程图

(7)外委检测流程图如图 4-7 所示。

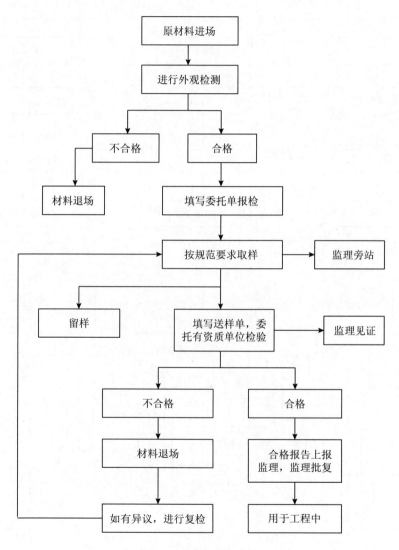

图 4-7 外委检测流程图

(8)现场检测流程图如图4-8所示。

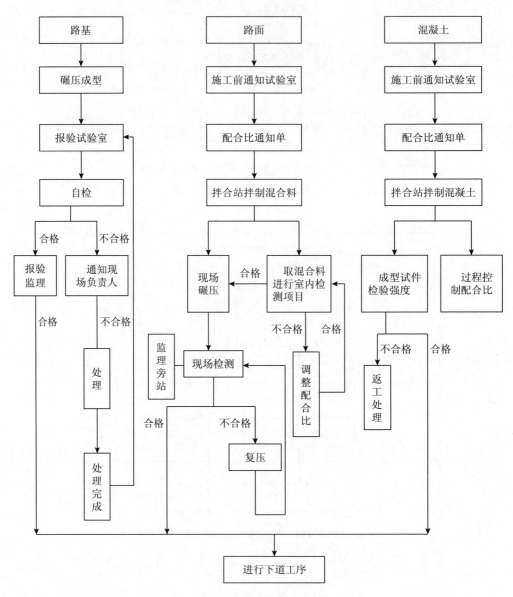

图4-8 现场检测流程图

(9) 质量保证体系框图如图 4-9 所示。

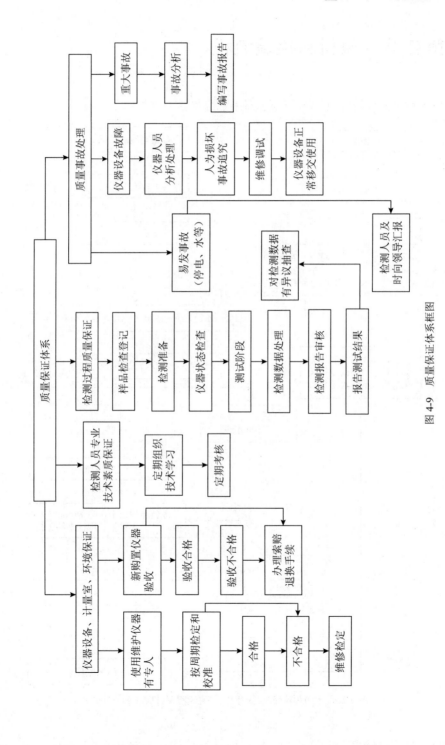

图 4-9 质量保证体系框图

第 2 节 原材料检验流程

(1)土的颗粒级配(筛分法)试验流程图如图 4-10 所示。

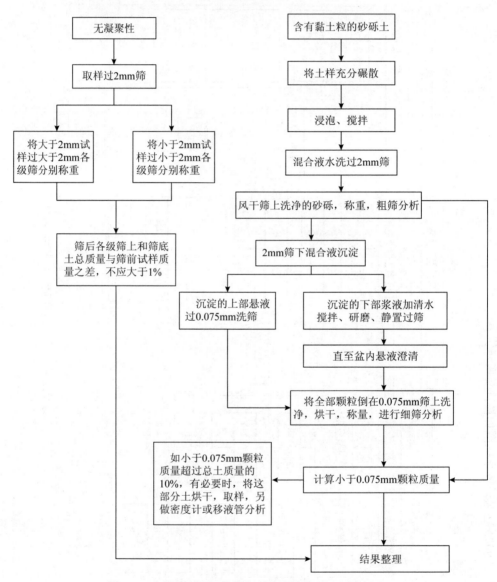

图 4-10 土的颗粒级配(筛分法)试验流程图(JTG E40—2007)

（2）土的界限含水量（液塑限联合测定法）试验流程图如图 4-11 所示。

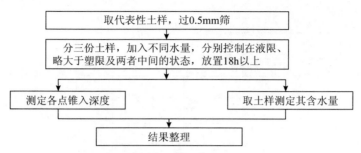

图 4-11　土的界限含水量试验流程图（JTG E40—2007）

（3）击实试验检测流程图如图 4-12 所示。

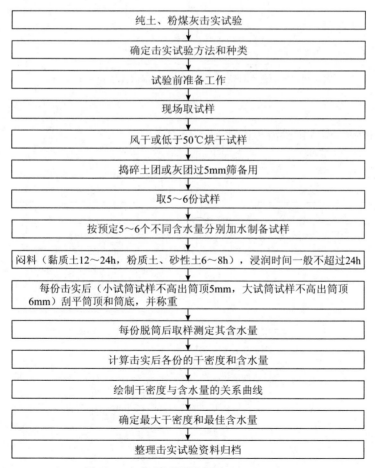

图 4-12　击实试验检测流程图（JTG E40—2007）

(4)土的含水量试验(烘干法)流程图如图 4-13 所示。

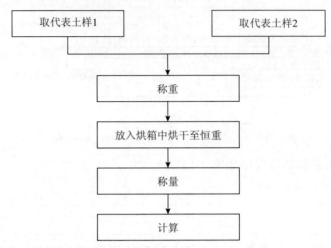

图 4-13　土的含水量试验(烘干法)流程图(JTG E40—2007)

(5)土的天然稠度试验流程图如图 4-14 所示。

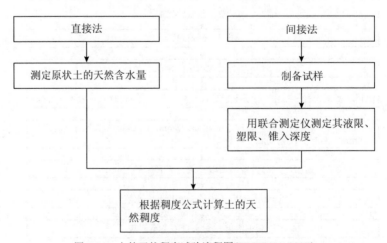

图 4-14　土的天然稠度试验流程图(JTG E40—2007)

（6）土的有机质含量试验流程图如图 4-15 所示。

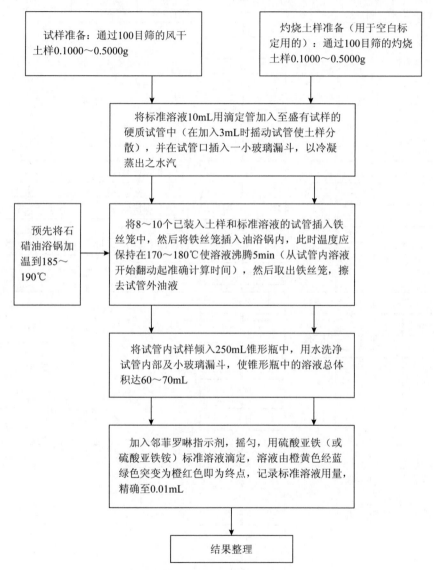

图 4-15　土的有机质含量试验流程图（JTG E40—2007）

(7)集料试验检测流程图如图 4-16 所示。

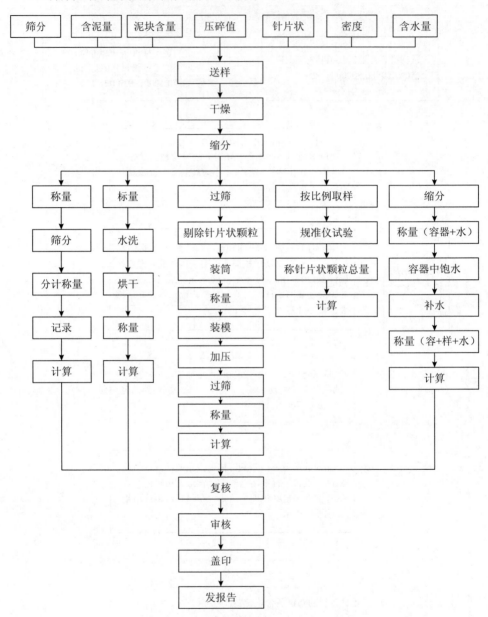

图 4-16　集料试验检测流程图(JTG E42—2005)

(8)集料吸水率试验检测流程图如图 4-17 所示。

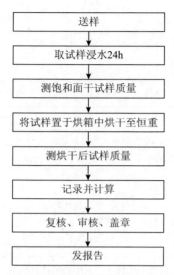

图 4-17　集料吸水率试验检测流程图(JTG E42—2005)

(9)矿粉的亲水系数试验流程图如图 4-18 所示。

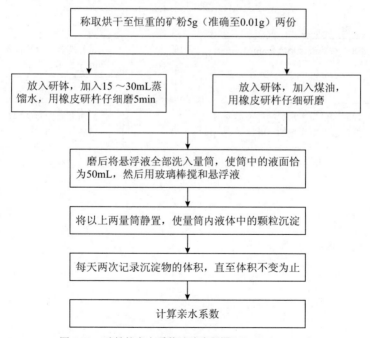

图 4-18　矿粉的亲水系数试验流程图(JTG E42—2005)

（10）水泥标准稠度用水量试验流程图如图4-19所示。

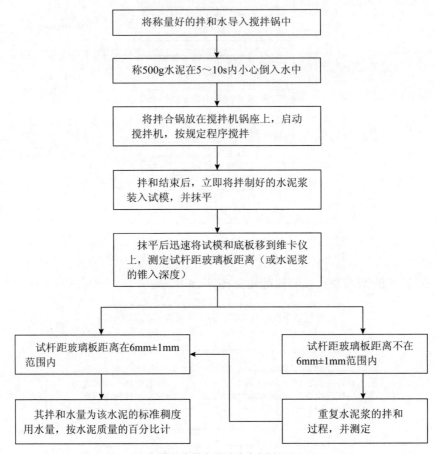

图4-19 水泥标准稠度用水量试验流程图(JTG E30—2005)

(11)水泥凝结时间试验流程图如图4-20所示。

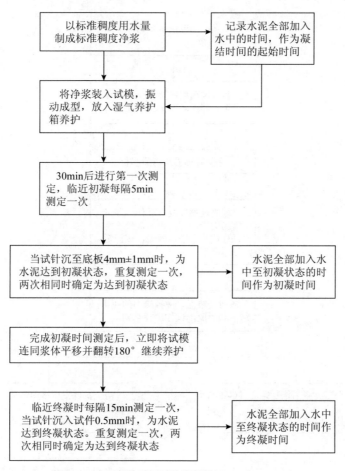

图4-20 水泥凝结时间试验流程图(JTG E30—2005)

(12)水泥安定性试验流程图如图 4-21 所示。

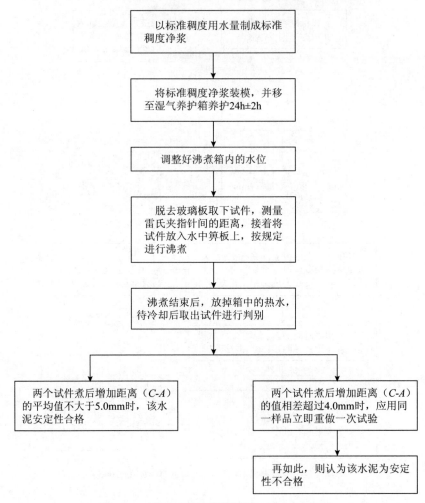

图 4-21 水泥安定性试验流程图(JTG E30—2005)

（13）水泥胶砂强度检验流程图如图 4-22 所示。

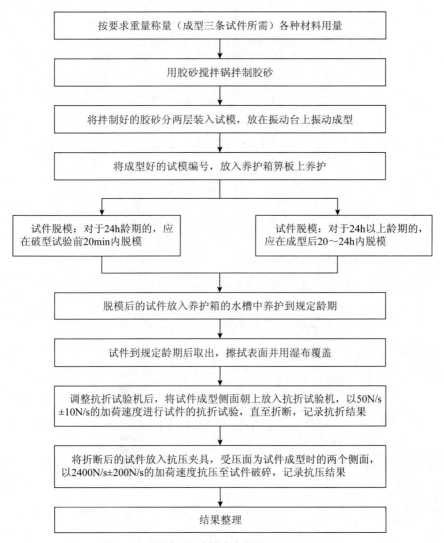

图 4-22　水泥胶砂强度检验流程图（JTG E30—2005）

（14）水泥混凝土抗压试验检测流程图如图 4-23 所示。

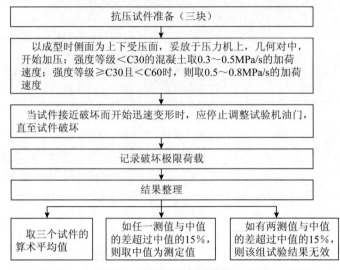

图 4-23　水泥混凝土抗压试验检测流程图（JTG E30—2005）

（15）水泥混凝土抗折试验检测流程图如图 4-24 所示。

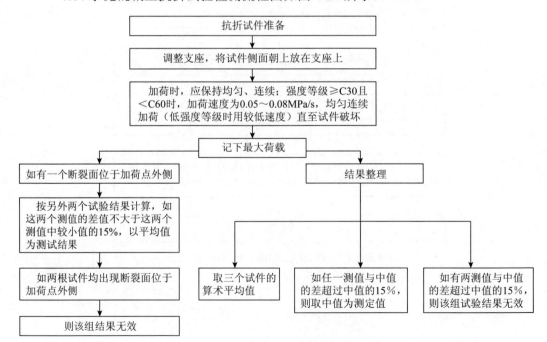

图 4-24　水泥混凝土抗折试验检测流程图（JTG E30—2005）

(16) 砂浆抗压试验检测流程图如图 4-25 所示。

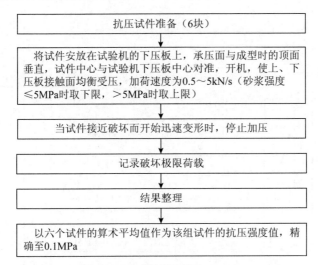

图 4-25　砂浆抗压试验检测流程图(JTG E30—2005)

(17) 水泥混凝土坍落度试验流程图如图 4-26 所示。

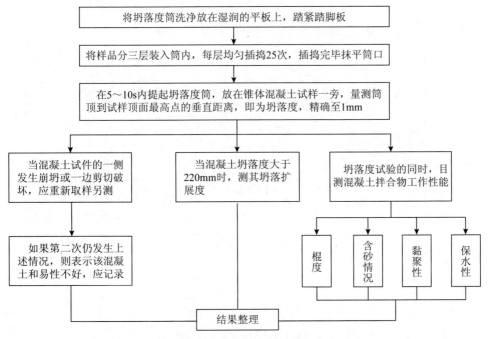

图 4-26　水泥混凝土坍落度试验流程图(JTG E30—2005)

(18)水泥混凝土含气量试验流程图如图 4-27 所示。

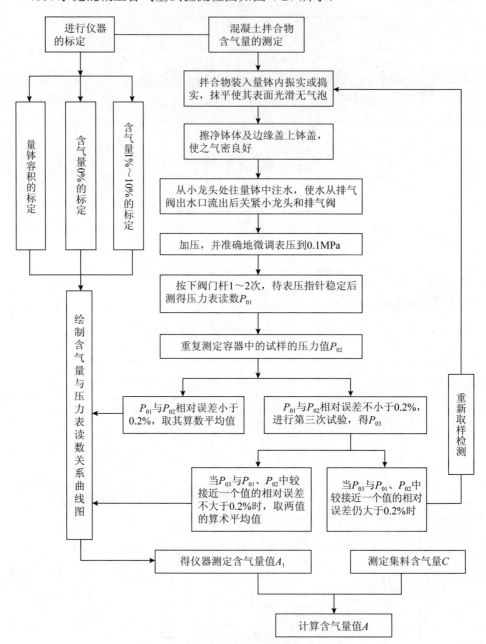

图 4-27　水泥混凝土含水量试验流程图（JTG E30—2005）

（19）砂浆稠度试验检测流程图如图 4-28 所示。

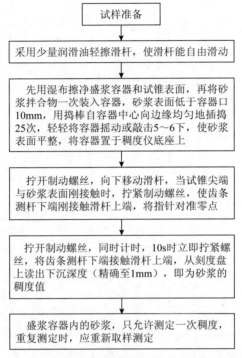

图 4-28　砂浆稠度试验检测流程图（JGJ/T 70—2009）

注：当两次试验值之差大于 10mm 时，应重新取样测定。

（20）混凝土外加剂减水率试验流程图如图 4-29 所示。

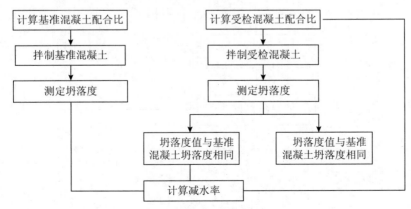

图 4-29　混凝土外加剂减水率试验流程图（GB 8076—2008）

（21）混凝土外加剂抗压强度比试验流程图如图 4-30 所示。

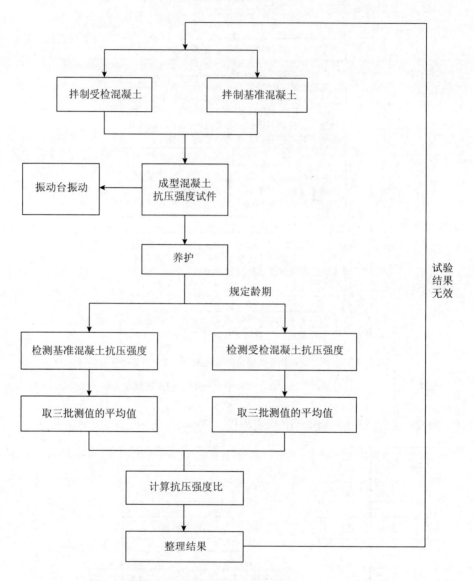

图 4-30　混凝土外加剂抗压强度比试验流程图（GB 8076—2008）

（22）混凝土外加剂泌水率比试验流程图如图4-31所示。

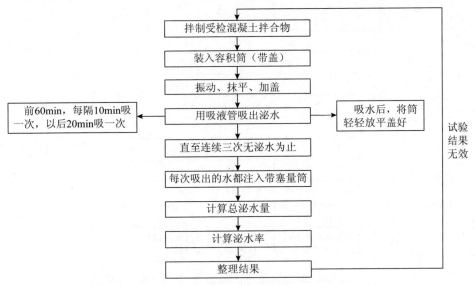

图4-31　混凝土外加剂泌水率比试验流程图（GB 8076—2008）

（23）混凝土外加剂凝结时间差试验流程图如图4-32所示。

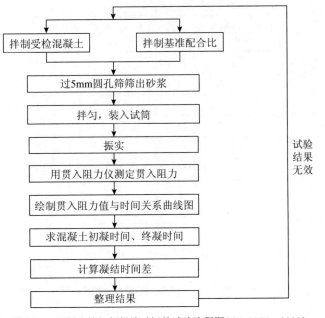

图4-32　混凝土外加剂凝结时间差试验流程图（GB 8076—2008）

(24)无机结合料稳定材料击实试验检测流程图如图4-33所示。

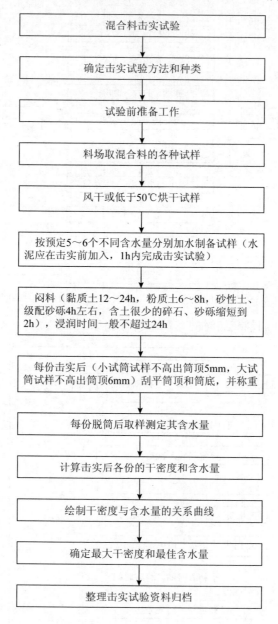

图4-33 无机结合料稳定材料击实试验检测流程图(JTG E51—2009)

（25）无机结合料稳定材料无侧限抗压强度试验流程图如图 4-34 所示。

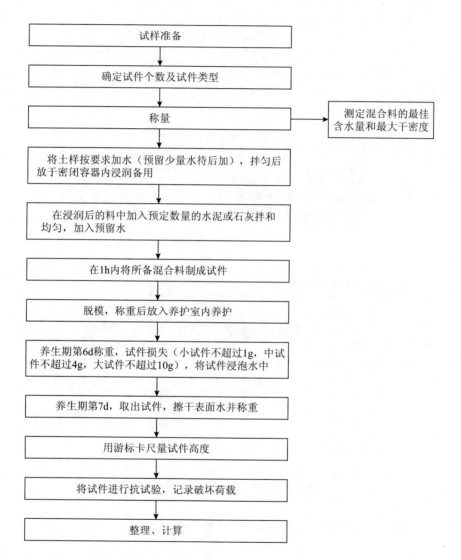

图 4-34　无机结合料稳定材料无侧限抗压强度试验流程图（JTG E51—2009）

(26)水泥或石灰稳定材料中水泥或石灰剂量试验检测流程图如图 4-35 所示。

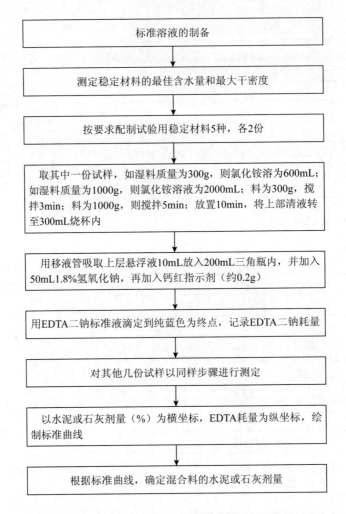

图 4-35　水泥或石灰稳定材料中水泥或石灰剂量试验检测流程图（JTG E51—2009）

（27）石灰有效氧化钙和氧化镁（简易测定）试验检测流程图如图 4-36 所示。

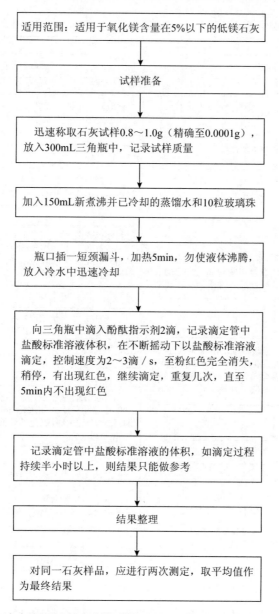

图 4-36　石灰有效氧化钙和氧化镁（简易测定）试验检测流程图（JTG E51—2009）

(28)石灰有效氧化钙、氧化镁测定试验检测流程图如图 4-37 所示。

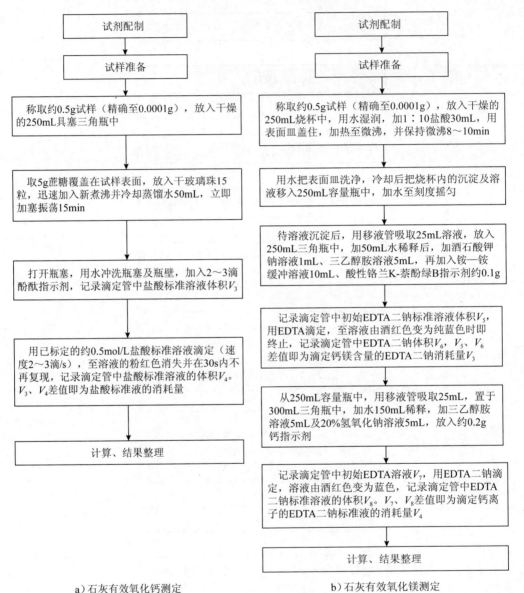

图 4-37 石灰有效氧化钙、氧化镁测定试验检测流程图（JTG E51—2009）

(29)沥青针入度试验流程图如图 4-38 所示。

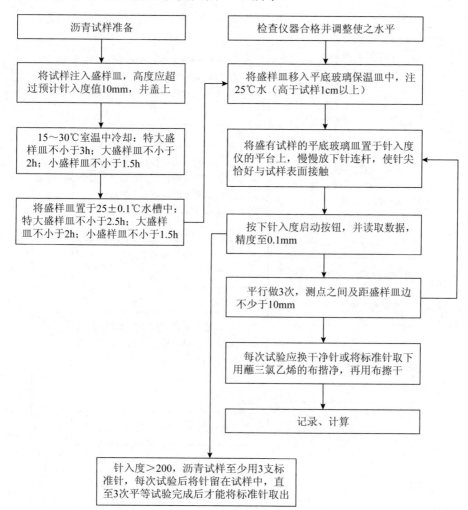

图 4-38　沥青针入度试验流程图（JTG E20—2011）

(30)沥青延度试验流程图如图4-39所示。

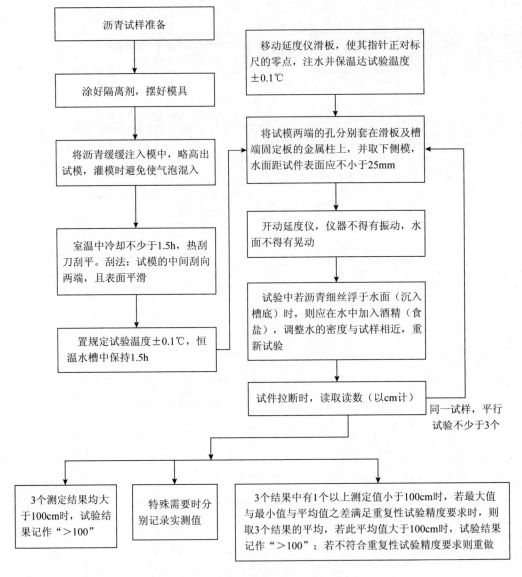

图4-39 沥青延度试验流程图(JTG E20—2011)

（31）沥青软化点试验流程图如图4-40所示。

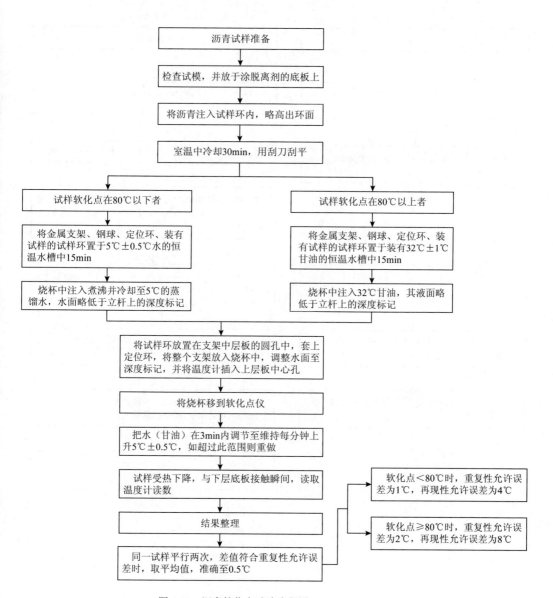

图4-40 沥青软化点试验流程图（JTG E20—2011）

(32)集料与沥青黏附性试验检测流程图如图4-41所示。

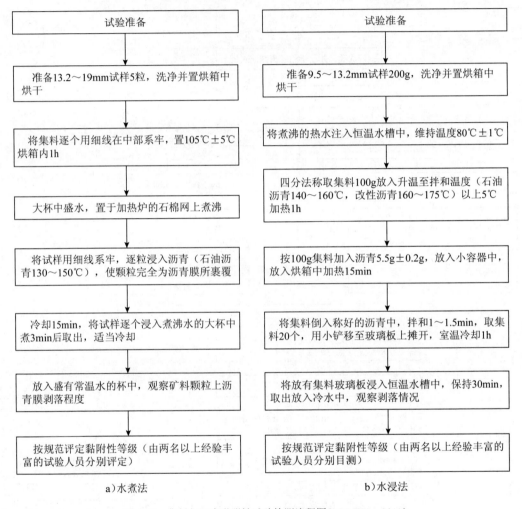

图4-41 集料与沥青黏附性试验检测流程图(JTG E20—2011)

(33)沥青密度试验流程图如图4-42所示。

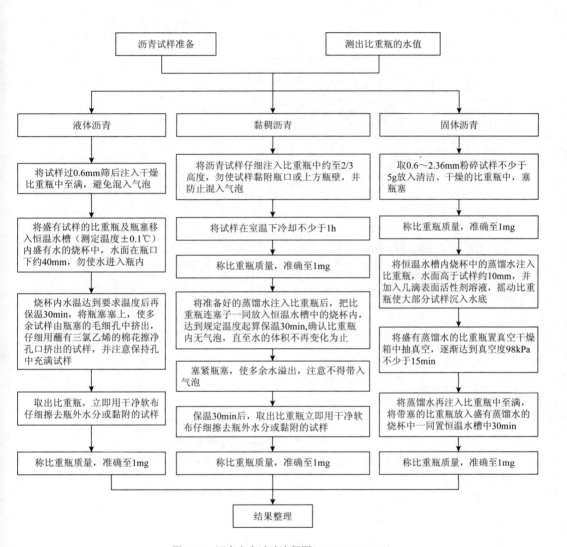

图4-42 沥青密度试验流程图(JTG E20—2011)

(34) 马歇尔稳定度、流值试验流程图如图 4-43 所示。

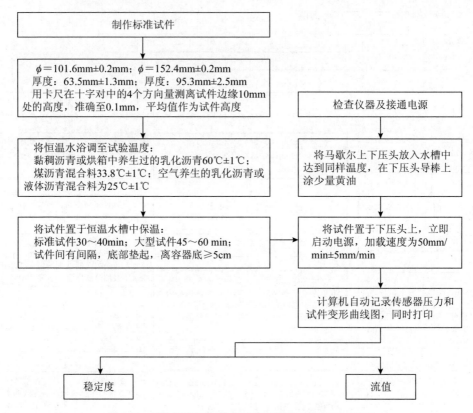

图 4-43 马歇尔稳定度、流值试验流程图（JTG E20—2011）

注：浸水马歇尔试验方法是试件在已达规定温度恒温水槽中的保温时间为 48h，其余步骤均与标准马歇尔试验方法相同。

(35)沥青混合料密度(表干法)试验检测流程图如图 4-44 所示。

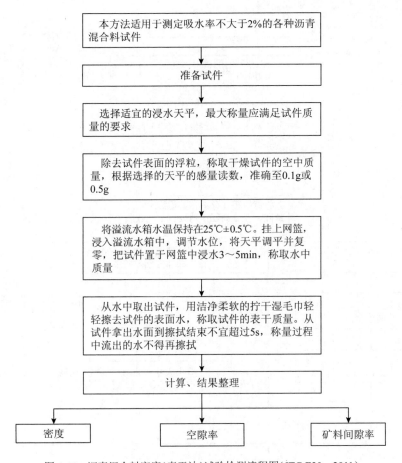

图 4-44　沥青混合料密度(表干法)试验检测流程图(JTG E20—2011)

(36)沥青含量(离心分离法)试验流程图如图 4-45 所示。

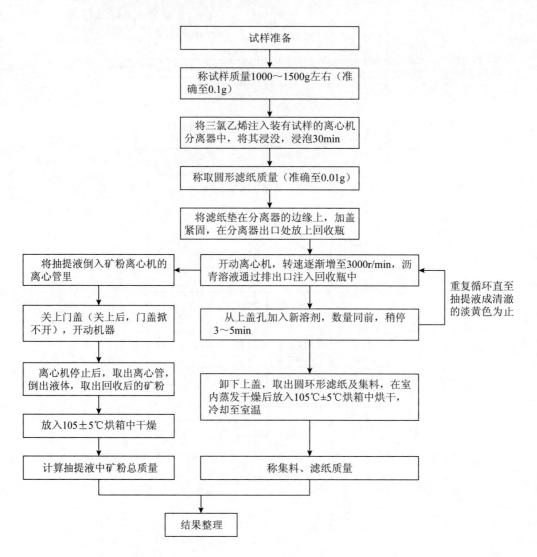

图 4-45　沥青含量(离心分离法)试验流程图(JTG E20—2011)

(37)沥青混合料矿料级配试验检测流程图如图 4-46 所示。

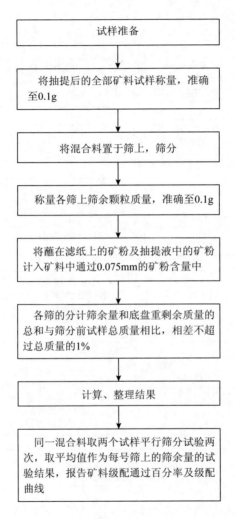

图 4-46 沥青混合料矿料级配试验检测流程图(JTG E20—2011)

(38)沥青混合料理论最大相对密度试验检测流程图如图 4-47 所示。

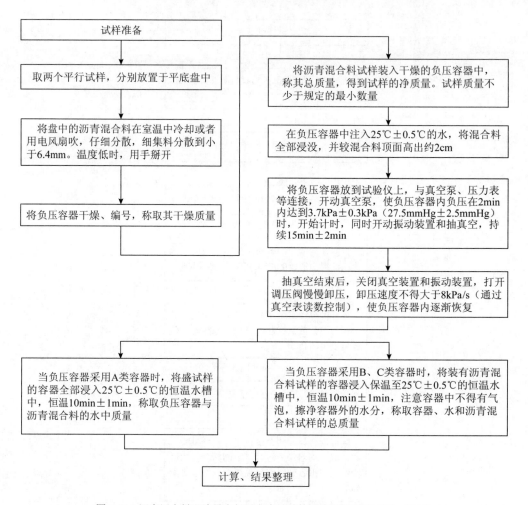

图 4-47　沥青混合料理论最大相对密度试验检测流程图（JTG E20—2011）

(39)钢筋试验检测流程图如图4-48所示。

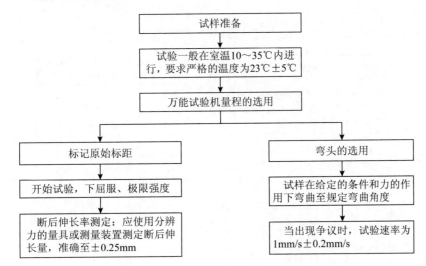

图4-48　钢筋试验检测流程图(GB/T 228.1—2010、GB/T 232—2010)

(40)压实度试验(环刀法、灌砂法)检测流程图如图4-49所示。

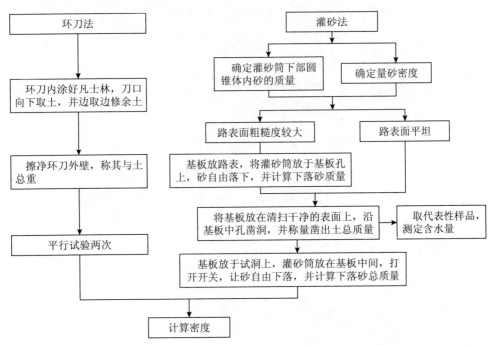

图4-49　压实度试验(环刀法、灌砂法)检测流程图(JTG E40—2007)

(41) 弯沉试验(贝克曼梁法)流程图如图 4-50 所示。

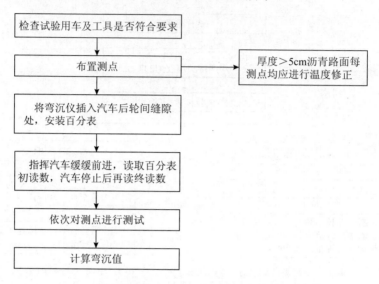

图 4-50　弯沉试验(贝克曼梁法)流程图(JTG E60—2008)

(42) 平整度试验(3m 直尺法)流程图如图 4-51 所示。

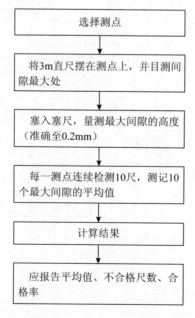

图 4-51　平整度试验(三米直尺法)流程图(JTG E60—2008)

(43)摆式仪测定路面摩擦系数试验检测流程图如图 4-52 所示。

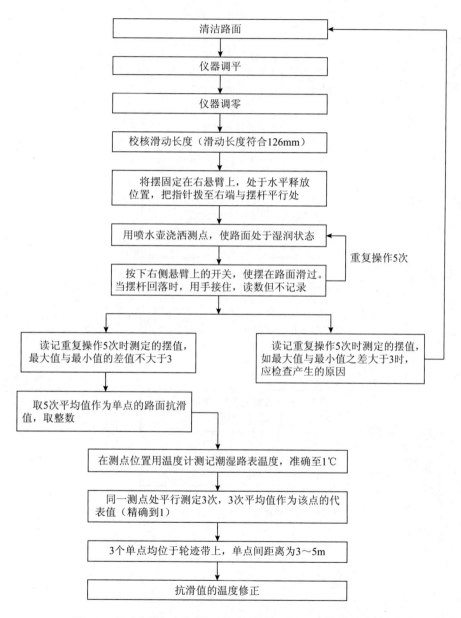

图 4-52　摆式仪测定路面摩擦系数试验检测流程图（JTG E60—2008）

(44)路面构造深度试验(手工铺砂法)流程图如图 4-53 所示。

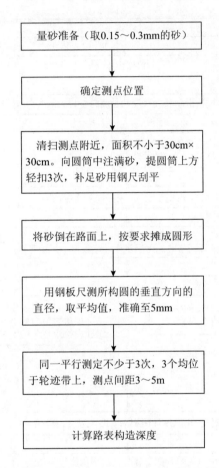

图 4-53　路面构造深度试验(手工铺砂法)流程图(JTG E60—2008)

（45）沥青路面渗水试验流程图如图 4-54 所示。

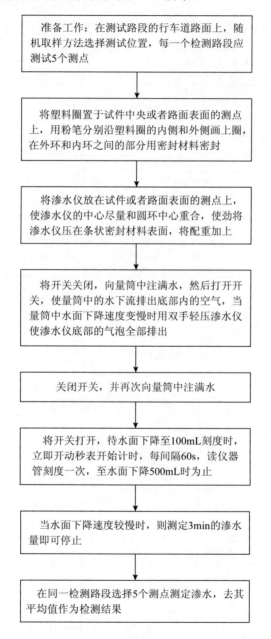

图 4-54　沥青路面渗水试验流程图（JTG E60—2008）

(46)水泥混凝土回弹试验流程图如图4-55所示。

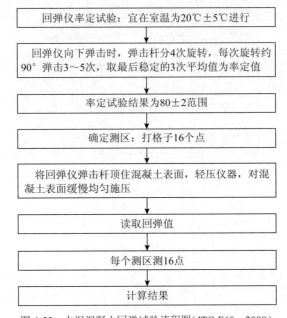

图4-55 水泥混凝土回弹试验流程图(JTG E60—2008)

(47)混凝土碳化深度试验检测流程图如图4-56所示。

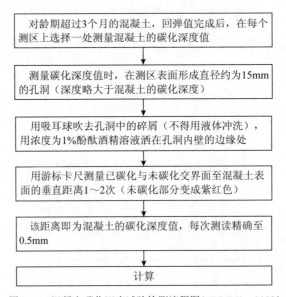

图4-56 混凝土碳化深度试验检测流程图(JTG E60—2008)

参考文献

[1] 交通部.交通部令〔2005〕年第12号.公路水运工程试验检测管理办法[S].2013.

[2] 交通运输部.质监综字〔2013〕5号.公路工程试验检测仪器设备检定/校准指导手册[S].2013.

[3] 交通运输部工程质量监督局.公路工程工地试验室标准化指南[M].人民交通出版社,2013.

[4] 中华人民共和国行业标准.JGJ/T 27—2014 钢筋焊接接头试验方法标准[S].中国建筑工业出版社,2014.

[5] 中华人民共和国行业推荐性标准.JTG/T F50—2011 公路桥涵施工技术规范[S].人民交通出版社,2011.

[6] 中华人民共和国行业标准.JGJ 55—2011 普通混凝土配合比设计规程[S].中国建筑工业出版社,2011.

[7] 中华人民共和国行业标准.JTG E40—2007 公路土工试验规程[S].人民交通出版社,2007.

[8] 中华人民共和国行业标准.JTG E42—2005 公路工程集料试验规程[S].人民交通出版社,2005.

[9] 中华人民共和国行业标准.JGJ/T 70—2009 建筑砂浆基本性能试验方法[S].中国建筑工业出版社,2009.

[10] 中华人民共和国交通运输行业标准.JT/T 828—2012 公路试验检测数据报告编制导则[S].人民交通出版社,2011.

[11] 公路工程标准规范理解与应用丛书.JTG D30—2015 公路路基设计规范[S].人民交通出版社,2015.

[12] 公路工程标准规范理解与应用丛书.JTG/T F20—2015 公路路面基层施工技术细则[S].人民交通出版社,2015.

[13] 中华人民共和国行业标准. JTG E30—2005 公路工程水泥及水泥混凝土试验规程 [S]. 人民交通出版社，2011.

[14] 中华人民共和国国家标准. GB 175—2007 通用硅酸盐水泥 [S]. 中国标准出版社，2007.

[15] 中华人民共和国行业标准. JTG E51—2009 公路工程无机结合料稳定材料试验规程 [S]. 人民交通出版社，2009.

[16] 公路工程标准规范理解与应用丛书. JTG E20—2011 公路工程沥青及沥青混合料试验规程 [S]. 人民交通出版社，2011.

[17] 中华人民共和国国家标准. GB 1499.1—2008 钢筋混凝土用热轧光圆钢筋 [S]. 中国标准出版社，2008.

[18] 中华人民共和国国家标准. GB 1499.2—2007 钢筋混凝土用热轧带肋钢筋 [S]. 中国标准出版社，2007.

[19] 中华人民共和国国家标准. GB/T 228.1—2010 金属材料室温拉伸试验方法 [S]. 中国标准出版社，2010.

[20] 中华人民共和国国家标准. GB/T 232—2010 金属材料弯曲试验方法 [S]. 中国标准出版社，2010.

[21] 中华人民共和国行业标准. JGJ 18—2012 钢筋焊接及验收规程 [S]. 中国建筑工业出版社，2012.

[22] 中华人民共和国国家标准. GB/T 8170—2008 数值修约规则与极限数值的表示和判定 [S]. 中国标准出版社，2008.

[23] 中华人民共和国行业标准. JTG E60—2008 公路路基路面现场测试规程 [S]. 人民交通出版社，2008.

[24] 中华人民共和国行业标准. JTG F40—2004 公路沥青路面施工技术规范 [S]. 人民交通出版社，2004.

[25] 中华人民共和国行业标准. JTG F10—2006 公路路基施工技术规范 [S]. 人民交通出版社，2006.

[26] 中华人民共和国行业标准. JTG F80/1—2004 公路工程质量检验评定标准（土建工程）[S]. 人民交通出版社，2004.